MANUALES

EL PEQUEÑO LIBRO DE YOGA PARA perder peso

Un programa especializado
para perder peso y ganar flexibilidad

ELAINE GAVALAS
Ilustraciones de Nelle Davis

ONIRO

Título original: *The Yoga Minibook for Weight Loss*
Publicado en inglés por Fireside Book-Simon & Schuster

Traducción de Miguel Portillo

Diseño de cubierta: Valerio Viano

Ilustración de cubierta: Robert Roth

Distribución exclusiva:
Ediciones Paidós Ibérica, S.A.
Mariano Cubí 92 – 08021 Barcelona – España
Editorial Paidós, S.A.I.C.F.
Defensa 599 – 1065 Buenos Aires – Argentina
Editorial Paidós Mexicana, S.A.
Rubén Darío 118, col. Moderna – 03510 México D.F. – México

ISBN: 84-9754-086-7
Depósito legal: B-33.137-2003

Impreso en Hurope, S.L.
Lima, 3 bis – 08030 Barcelona

Impreso en España – *Printed in Spain*

Para mi gurú, Katzy, cuyo amor y sabiduría son las referencias que guían mi camino.

Índice

Agradecimientos

Este libro no habría sido posible sin la ayuda y las creativas contribuciones de mi esposo y maestro en esto de escribir, Stuart Katz. Su brillante juicio literario y paciente trabajo me ayudaron a dar a luz este texto. Le quedo eternamente agradecida por su extraordinario amor, amistad y apoyo.

Quisiera expresar mi más profundo agradecimiento a todos los talentosos profesionales de Simon & Schuster Trade Paperbacks por producir esta serie de libritos de yoga, especialmente a Trish Todd por proporcionarme la oportunidad de escribirlos, y a mi editora, Lisa Considine, por su experiencia y sabias recomendaciones.

También quisiera extender mi más sincero agradecimiento y aprecio a mi agente literario, Michael Psaltis (y a la Ethan Ellenberg Literary Agency), por sus sabios consejos, ánimos y ayuda respecto a los libros de yoga desde el principio.

También quisiera darle las gracias especialmente a Nelle Davis, que dio vida a las posturas de yoga a través de sus maravillosas ilustraciones.

Les estoy agradecidísima a mis suegros, Ethel Katz Regolini y Leo Regolini, y a mis tíos, Arthur Vozeolas y Henry Kane, por su sabiduría, ayuda y guía.

Finalmente, muchas gracias a mis profesores de yoga (especialmente a Ram Dass), y a usted, querido lector. Que el yoga le proporcione salud, felicidad, paz, longevidad, libertad y gozo perdurables. *Om shanti* con amor.

Capítulo 1

Comprender el yoga

¿Es usted uno de los millones de personas que intentan perder peso, o que intentan no volver a recuperarlo? El control del peso es un problema común, así que si su respuesta es afirmativa, sepa que no es el único. A lo largo de los años, he trabajado con mucha gente como usted, que tienen y albergan preguntas y preocupaciones parecidas, como las siguientes: ¿cómo se puede elegir el mejor plan de control de peso, que se ajuste a las propias necesidades, con tantos tipos de programas de forma física como existen? ¿Cómo se puede mantener el peso logrado una vez que uno se harta de los programas de moda?

En sus manos está la respuesta a todas esas preguntas. He escrito *El pequeño libro de yoga para perder peso* pensando en todos aquellos que están cansados, agotados, hartos y mareados de dar vueltas en la montaña rusa de las modas dietéticas. El programa de yoga descrito en este libro tiene un enfoque del control del peso que podríamos decir que es único, por cuanto integra cuerpo, mente y espíritu. Siguiendo este programa perderá, con seguridad, kilos y centímetros de cintura. También redistribuirá su peso, a la vez que dará firmeza y tonificará las zonas que afean la figura. Y lo mejor de todo: los suaves estiramientos, reforzamientos y la firmeza que confieren algunas de las posturas que aparecen en las páginas siguientes son adecuadas para personas con todos los niveles de forma física y flexibilidad. «Yoga para perder peso» es un programa de estilo de vida que le ayudará a conseguir y mantener sus objetivos de peso, realizar las mejores elecciones posibles en cuanto a forma física y alimentos, y enriquecer la mente.

Las modas de ejercicios físicos van y vienen, pero después de más de cinco mil años, la práctica yóguica sigue entre nosotros, y gozando de más popularidad que nunca. La mayoría de los programas para perder peso no demuestran ser más que modas, ofreciendo soluciones a corto plazo para problemas muy amplios. Son muchas las personas a las que les resulta imposible seguir dichos planes durante un prolongado período de tiempo. Por el contrario, el programa «Yoga para perder peso» está basado en un enfoque totalmente distinto. La práctica del yoga ofrece un cambio positivo de estilo de vida, en el que la pérdida de peso es un derivado del disfrute de hacer ejercicio.

El núcleo del programa lo constituye una rutina que incluye la práctica *vinyasa*, una serie de posturas que fluyen sin interrupción. Se trata de una combinación dinámica de yoga y ejercicios aeróbicos que ayudan a quemar calorías, agilizar el metabolismo y fomentar la salud cardiovascular. Con mi programa «Yoga de poder» fundirá kilos, aumentará su fuerza y flexibilidad y estirará los músculos espirituales, todo a la vez.

Si su némesis es el exceso de kilos alrededor del estómago, intente practicar posturas del capítulo «Yoga para los abdominales». Unos pocos minutos al día le ayudarán a crear y mantener ese estómago liso y sensual con el que siempre soñó. Si lo que le preocupa son los músculos antiestéticos, celulíticos y fláccidos, entonces mediante el capítulo «Yoga para tonificar» conseguirá estar firme, delgado y en forma, gracias a unas posturas superesculturales. Esta serie de yoga tiene el poder de transformar el cuerpo. Le tonificará de la cabeza a los pies, le ayudará a perder grasa, fomentará la adopción de buenas posturas, aumentará la masa muscular, y eliminará la aparición de celulitis.

El yoga no es sólo para la gente guapa, ultraflexible y delgaducha, como tantas veces nos hacen creer los medios de información. Por el contrario, los mayores beneficios del yoga están ahí para quienes más los necesitan. El capítulo «Yoga suave» es para principiantes y personas con cuerpos de enorme tamaño, que tal vez puedan sentirse intimidadas ante el reto de posturas más avanzadas y enrevesadas. Aunque algunas posturas pueden parecer difíciles, recuerde que el yoga no es competitivo y que enfatiza la autoaceptación. Con paciencia y práctica regular podrá aumentar de manera segura y gradual la intensidad de las sesiones y el nivel de forma física, sea cual fuere su tamaño o forma.

En cuanto a información valiosa sobre alimentos yóguicos, el capítulo «Alimentación yóguica» incluye una muestra de las cocinas más sanas del mundo: mediterránea, vegetariana, asiática y ayurvédica. Al incluir los principios yóguicos del ayurveda y los alimentos de esas deliciosas y saludables cocinas en su dieta, se estará dando una oportunidad para lograr y mantener el peso perfecto y sentirse de maravilla. En ese capítulo también encontrará valiosas herramientas para modificar sus hábitos alimenticios, como la práctica de comer con atención y rebajar las porciones de los platos sin por ello dejar de sentirse satisfecho.

El pequeño libro de yoga para perder peso también ofrece consejos sobre cómo integrar el yoga en la vida cotidiana, junto con medios para desarrollar la práctica yóguica personal. He creado el «Yoga para perder peso» con el fin de ayudar a personas de todos los tamaños, formas y edades a alcanzar su peso ideal y sus objetivos de forma física, a través de una práctica individual y continuada y de buenos hábitos alimentarios.

A lo largo de los años, he estudiado y practicado muchos estilos de hatha yoga, como el Integral, Iyengar, ashtanga vinyasas, kundalini, mantra, raja y tantra, y me he interesado especialmente en las aplicaciones terapéuticas del yoga. He observado a individuos y grupos en su práctica yóguica, y he visto cómo su poder les ayudaba a perder peso y aliviar el estrés a la vez que aumentaban su energía, fuerza y longevidad. He escrito esta serie de libritos de yoga —siendo los cuatro primeros el que tiene en sus manos y *El pequeño libro de yoga para alcanzar la longevidad* (publicado asimismo por Ediciones Oniro), *The Yoga Minibook for Stress Relief* y *The Yoga Minibook for Energy and Strength*— como guías de autoayuda en respuesta a los numerosos problemas de las personas en cuanto a su forma física, la dieta, y el bienestar, así como a preguntas, problemas y preocupaciones. He contado con la oportunidad de aplicar técnicas de yoga para ayudar a que las personas alcancen sus metas de bienestar y he comprobado resultados espectaculares.

Mi mayor deseo es compartir con usted los muchos y maravillosos resultados que la práctica del yoga me ha proporcionado, tanto a mí como a las personas que he asistido a lo largo de los años. Tanto si lo que busca es adelgazar como si es aumentar su energía, aliviar el estrés o hallar la fuente de la eterna juventud, tenga en cuenta que he creado un libro de yoga para usted.

Pero antes de sumergirnos en ellos, un poco de información.

Yoga en el siglo XXI

A través de los siglos, el yoga se ha ido redefiniendo y recreando para satisfacer las necesidades de diferentes eras y culturas. El yoga fue apenas conocido en Occidente hasta la década de 1960, cuando los Beatles se fueron a la India en busca de la iluminación espiritual con Maharishi Mahesh Yogi. Desde entonces, el yoga ha evolucionado de ser una práctica para buscadores espirituales hippies cantando *om* con el swami Satchidananda en Woodstock, allá por 1969, a una práctica adoptada por todo el mundo, desde estrellas de Hollywood en busca de cuerpos hermosos y directores generales de altos vuelos en busca de un alivio para el estrés, hasta cuarentones y cincuentones intentando invertir el sentido del tiempo. Incluso Sandra Day O'Connor, jueza del Tribunal Supremo de Estados Unidos, acude a una clase semanal de yoga. Unos quince millones de estadounidenses incluyen algún tipo de yoga en su régimen de mantenimiento de forma física.

Aunque al yoga se le ha considerado como la nueva filosofía de la forma física para el siglo XXI, en realidad su práctica se remonta a miles de años atrás. El yoga vio su origen en la India, y es una antigua disciplina filosófica, no una religión. En principio, el yoga se practicaba como un camino hacia la iluminación espiritual, como una manera de alcanzar un estado de puro gozo y unidad con el universo. *Yoga* es una palabra sánscrita que significa «unión»; describe la integración de cuerpo, mente y espíritu, y la comunión con una energía universal, la Consciencia Suprema. La práctica del hatha yoga, cuyos ejercicios son familiares para muchos occidentales, se pensó en un principio para reforzar el cuerpo y prepararlo para largas e inmóviles horas de meditación.

El yoga se remonta a los antiguos *Vedas*, las escrituras sagradas hinduistas que datan de alrededor de 2500 a.C. A lo largo de los milenios, la tradición yóguica ha evolucionado, dando como resultado ocho ramas principales, que son distintos caminos que conducen a un mismo objetivo: la iluminación. A las ocho ramas del yoga se las denomina «La Rueda del Yoga». Y son:

Hatha Yoga, el yoga de la disciplina física y el dominio corporal. Es la rama de yoga con la que más familiarizados estamos en Occidente, y es la que aparece en este libro. En el hatha, la iluminación se alcanza a través de prácticas físicas espiritualizadas, incluyendo *asanas* (posturas), *pranayama* (control de la respiración), y meditación. El *Hatha-yoga pradipika*, un texto del siglo XIV, es una guía de hatha yoga.

Jhana-yoga, el yoga de la sabiduría y el conocimiento. En el jhana, la iluminación y la autorrealización se alcanzan a través de la enseñanza de no-dualismo, la eliminación de la ilusión y el conocimiento directo de lo divino.

Bhakti-yoga, el camino para lograr la unión con lo divino a través del amor y de los actos de devoción.

Karma-yoga, el camino de iluminación a través del servicio y las acciones desinteresadas.

Mantra-yoga, el yoga de los sonidos sagrados hacia el despertar. Una forma de mantra yoga familiar en Occidente es la Meditación Trascendental (TM).

Kundalini-yoga, la activación de la energía espiritual latente en el cuerpo y que asciende por la columna vertebral hasta la cabeza a través de la respiración y el movimiento.

Tantra-yoga, unión con todo lo que se es, alcanzado a través de la utilización de la energía sexual. Aunque el tantra yoga se ha hecho famoso por ciertos rituales que espiritualizan la sexualidad, es esencialmente una disciplina espiritual de rituales y visualizaciones no sexuales que activan la energía espiritual.

Raja-yoga, también conocido como el yoga real, clásico, de ocho miembros, o ashtanga (no confundir con el estilo de yoga ashtanga), se trata del yoga del dominio mental. En el siglo II a.C., Patañjali, el gran sabio hinduista, escribió los principios del yoga clásico, en los *Yoga-sutras*. Patañjali describe ocho pasos, o «miembros», a los que se conoce como el Árbol del Yoga. Estos ocho miembros proporcionan las líneas maestras éticas a utilizar en la vida, que a la vez ayudan en el camino hacia la iluminación.

El Árbol del Yoga se compone de:

Yama, las raíces del árbol, que son disciplina moral y moderación ética. Incluyen la no violencia *(ahimsa)*, la sinceridad, la libertad respecto a la codicia, la castidad y la no avidez.

Niyama, el tronco del árbol, que representa automoderación y observancia, incluyendo limpieza, contento, autodisciplina, introspección o estudio del ser, y devoción.

Asana, las ramas del árbol. Incluye las posturas de hatha yoga.

Pranayama, las hojas del árbol. Incluye el control de la respiración para obtener la circulación de *prana*, la energía vital.

Pratyahara, la corteza del árbol. Incluye la retirada de los sentidos para la meditación.

Dharana, la savia. Incluye concentración para la meditación.

Dhyana, la flor. Incluye meditación.

Samadhi, el fruto. Es el estado de pura conciencia, o gozo total. Todos los miembros del yoga conducen a samadhi.

Su práctica de yoga

De la práctica del yoga, y de sus grandes beneficios, se puede disfrutar tanto si se tienen 9 como 90 años. Lo requerido es mínimo. Sólo necesita de 30 a 60 minutos diarios; una estera que no resbale; ropa cómoda y ancha; y un espacio pequeño para hacer ejercicio. Desconecte el teléfono, encienda el contestador, y haga saber a su familia y amigos que no debe ser molestado durante el tiempo que dedica al yoga, a menos, claro, que quieran unirse a usted. Podrá empezar a crear su propio yoga casero para adelgazar siguiendo los programas que aparecen en el Capítulo 2, «Antes de empezar»; Capítulo 3, «Serie Yoga de poder»; Capítulo 4, «Yoga para los abdominales»; Capítulo 5, «Yoga para tonificar»; Capítulo 6, «Yoga suave»; y Capítulo 7, «Alimentación yóguica».

Se irá dando cuenta de que los ejercicios de las series que aparecen en este libro incluyen posturas que estiran la columna vertebral en seis direcciones. Hay un dicho en el yoga: «Eres tan joven como tu columna vertebral». Si estira su columna en seis direcciones en su práctica diaria se verá generosamente recompensado con una espalda y un cuerpo jóvenes, flexibles y fuertes. Las seis direcciones (y algunas posturas representativas) son:

- Adelante *(flexión de pie hacia delante)*
- Detrás *(flexión de pie hacia atrás)*
- Derecha *(flexión sentada a la derecha)*
- Izquierda *(flexión sentada a la izquierda)*
- Giro a la derecha *(torsión sentada la derecha)*
- Giro a la izquierda *(torsión sentada a la izquierda)*

Todas las series de yoga finalizan con un período de *Relajación* (véase Capítulo 6, «Yoga suave»). Al ir progresando en su estudio del yoga, también querrá añadir meditación y ejercicios de respiración (véanse Capítulo 2, «Antes de empezar», y Capítulo 4, «Yoga para los abdominales»). Tal y como ya he mencionado, el yoga es una práctica no competitiva. No es necesario competir con otros yoguis o yoguinis. Simplemente hay que hacerlo lo mejor posible en cada ocasión que se practica. Día a día, el cuerpo responderá de manera distinta a las posturas a causa de diversos factores, como la dieta, la cantidad de sueño y el momento del día que elija para la práctica. Es importante recordar que la práctica del yoga es un viaje y una exploración en la naturaleza del ser.

Practicar yoga es algo que vale mucho la pena. Créaselo, hágalo y compruébelo. ¡No hay nada que pensar, sino hacerlo! Perderá el peso de más, a la vez que ganará fuerza, belleza, flexibilidad y buena salud. *¡Namaste!* *(namaste* es un saludo tradicional yóguico que significa: «Lo divino en mí se inclina ante lo divino en ti»).

Programa de Yoga para perder peso

El programa «Yoga para perder peso» incluye cuatro pasos para ayudarle a perder peso y conseguir una buena forma física en el menor tiempo posible. Empiece con el Paso 1 y continúe con el Paso 2 hasta el 4, según su condición y capacidades físicas. A continuación se hace un repaso de los pasos y serie de ejercicios. Hallará descripciones más detalladas de cada serie en los Capítulos 2 a 6.

Paso 1: plan de «Yoga básico» y «Yoga suave»
Paso 2: planes «Yoga de poder» (para niveles de principiante, principiante-intermedio, intermedio, intermedio-avanzado y mantenimiento)
Paso 3: serie «10 minutos de yoga para los abdominales»
Paso 4: plan «Yoga para tonificar»

PASO 1. CONCEPTOS BÁSICOS Y SERIE «YOGA SUAVE»

Empiece con las posturas de «Yoga básico» y «Yoga suave» que se hallan en los Capítulos 2 y 6, y practique durante 2 semanas. Realice dichas posturas durante 30 minutos, 3 o 4 días a la semana. Cada sesión de práctica incluye Calentamiento, práctica de posturas y un período de Calma/Relajación. Tenga en cuenta que llegar a realizar esta rutina de manera cómoda puede costarle más de 2 semanas, dependiendo de su condición física. Si se siente cómodo y tiene confianza al hacer las posturas, continúe con las series «Yoga de poder». Si no, siga con la 1ª y 2ª semanas hasta que se sienta lo suficientemente fuerte como para continuar. Véanse Capítulos 2 y 6 para las posturas y las series en detalle.

PASO 2. SERIE «YOGA DE PODER»

Al cabo de 2 semanas de «Yoga básico» y «Yoga suave», empiece con una de las cinco series de 4 semanas de «Yoga de poder» (principiante, principiante-intermedio, intermedio, intermedio-avanzado, mantenimiento), que aparecen en el Capítulo 3. Estas series le ayudarán a alcanzar sus objetivos de peso en el menor tiempo posible. Cada sesión de práctica incluye Calentamiento, Yoga de poder y/o ejercicios aeróbicos, y un período de Calmar/Relajación. Al progresar del nivel de principiante al de mantenimiento a lo largo de un período de 4 meses, irá aumentado su práctica de yoga de 30 a 60 minutos al día, de 3 a 5 días a la semana. Véase el Capítulo 3 para las series en detalle.

A fin de quemar calorías adicionales y para obtener el máximo de beneficios, añada a su práctica en días alternos «Yoga para los abdominales» y «Yoga para tonificar» (véanse «10 minutos de Yoga para los abdominales» y el plan «Yoga para tonificar») más adelante.

1. Serie Yoga de poder, nivel principiante
Semanas 1 a 4

Empiece con la serie Yoga de poder, nivel principiante, combinando *El saludo al sol A* con ejercicios aeróbicos, 4 o 5 días a la semana, durante entre 30 y 40 minutos.

2. Serie Yoga de poder, nivel principiante-intermedio
Semanas 1 a 4

Tras completar la serie Yoga de poder, nivel principiante, continúe con el nivel principiante-intermedio, combinando *El saludo al sol B* con ejercicios aeróbicos, 4 o 5 días a la semana, durante 50 minutos.

3. Serie Yoga de poder, nivel intermedio
Semanas 1 a 4

Tras completar la serie Yoga de poder, nivel principiante-intermedio, continúe con el nivel intermedio, combinando *El saludo al sol C* con ejercicios aeróbicos, 5 días a la semana, durante entre 50 y 60 minutos.

4. Serie Yoga de poder, nivel intermedio-avanzado
Semanas 1 a 4

Tras completar la serie Yoga de poder, nivel intermedio, continúe con el nivel intermedio-avanzado, combinando *El saludo al sol D, El saludo a la luna* y ejercicios aeróbicos, 5 o 6 días a la semana, durante entre 50 y 60 minutos.

5. Serie Yoga de poder, nivel mantenimiento
Semanas 1 a 4

Tras completar la serie Yoga de poder, nivel intermedio-avanzado, continúe con el nivel mantenimiento, combinando *El saludo al sol A, B, C y D, El saludo a la luna*, y ejercicios aeróbicos, 5 días a la semana, durante entre 50 y 60 minutos.

PASO 3. SERIE «10 MINUTOS DE YOGA PARA LOS ABDOMINALES»

Este programa de yoga de 4 semanas para los abominables puede practicarse por sí mismo o combinado con las series Yoga de poder y Yoga para tonificar. Practique estas posturas durante 10 minutos al día, 3 días a la semana. Tenga en cuenta que realizar esta rutina con comodidad pudiera costarle más de 4 semanas, dependiendo de su condición física. Véase Capítulo 4 para los detalles de la serie.

PASO 4. PLAN «YOGA PARA EL TONIFICAR»

Este programa de yoga de 4 semanas para tonificar puede practicarse por sí mismo o combinado con las series Yoga de poder y Yoga para los abdominales. Practique estas posturas 10 minutos al día, 2 o 3 días a la semana. Tenga en cuenta que realizar esta rutina con comodidad pudiera costarle más de 4 semanas, dependiendo de su condición física. Véase Capítulo 5 para los detalles de la serie.

Capítulo 2

Antes de empezar

Antes de empezar con su programa de Yoga para perder peso, debería poner atención a las siguientes advertencias, a la vez que se pone objetivos realistas. Puede iniciar su programa de adelgazamiento con el Paso 1, y las series «Yoga básico» y «Yoga suave».

Una advertencia

El yoga nunca debería hacerle daño. Debido al intenso estiramiento de algunas posturas, necesitará estar plenamente sintonizado con su cuerpo. Debe ser consciente y realista acerca de sus «límites» —el punto más allá del que el cuerpo no puede seguir de una manera cómoda— respecto a cada postura. Bordear el límite nunca debería provocar un hormigueo doloroso. Al explorar cada postura de yoga, avance lenta y cuidadosamente, tratando de hallar el punto hasta el que puede estirarse con seguridad. Al ir ganando en fuerza y flexibilidad, se irá dando cuenta de que el límite va cambiando. Podrá estirarse más, con comodidad, y mantener la postura durante más tiempo.

Antes de iniciar ningún programa de ejercicios nuevos, debería consultar a un profesional de la salud, sobre todo si padece problemas de salud o limitaciones físicas. Las mujeres también deben poner especial atención al practicar posturas invertidas, como *La vela con apoyo en la pared* e *Invertida con apoyo*, que no son recomendables durante los primeros días de la menstruación. Si está embarazada, asegúrese de obtener el visto bueno de su médico antes de iniciar cualquier programa de hatha yoga. Existen muchas y excelentes clases de yoga prenatal dirigidas por instructores diplomados que enseñan rutinas de yoga prenatal específicas.

Nunca practique posturas de yoga que le puedan hacer daño o con las que se sienta incómodo. Si el dolor persiste, no deje de consultar con un profesional de la salud.

Objetivos de adelgazamiento

Antes de iniciar su práctica de yoga, intente tener claros sus objetivos. ¿Cuánto peso cree que necesita perder? ¿Se propone poder comprar ropa dos tallas más pequeñas? Póngase unos objetivos razonables y realistas, y sea consciente de que le costará algún tiempo alcanzarlos.

Una manera de tener claros los objetivos de pérdida de peso y de controlar los progresos es calcular el Índice de Masa Corporal (IMC). La obesidad viene definida a partir de 9 y 13 kg por encima del peso promedio para la propia edad y sexo, y por contar con un IMC superior a 30. El IMC se obtiene dividiendo el peso de un individuo por su estatura al cuadrado, y establece una relación entre la grasa corporal y el riesgo de enfermedades. Según el Instituto Nacional de la Salud estadounidense, el IMC mide mejor la obesidad que el simple peso corporal, y ayuda a identificar el riesgo de desarrollar problemas de salud como ataques cardíacos, diabetes de tipo 2 y tensión arterial alta.

Un IMC entre 20 y 25 se considera saludable para hombres y mujeres. Un IMC superior a 25 sugiere que perder peso sería muy beneficioso para la salud, y un IMC inferior a 19 indica que se está demasiado delgado.

Por ejemplo, si su peso es 10 kg superior a la media que corresponde a su edad, sexo, y altura, y tiene un IMC de 27, un objetivo realista sería perder 5 kg. Si perder esos 5 kg reduce su IMC por debajo de 25, entonces su objetivo deberá ser mantener el peso adecuado de su cuerpo alimentándose mediante comidas nutritivas y continuando su práctica de yoga. No obstante, si su IMC continúa siendo 25 o superior, entonces podría ponerse el objetivo de perder 2 o 5 kg más.

Otra manera de medir la grasa corporal y los riesgos para la salud es medir el índice cintura-cadera, la distribución del peso corporal en la sección media del cuerpo. Un exceso de grasa abdominal (forma de manzana), independientemente del peso corporal total, indica un aumento de los riesgos para la salud. Para calcular el índice cintura-caderas, mídase la cintura a la altura del ombligo, y las caderas en el punto más ancho alrededor de las nalgas. Divida la talla de la cintura por la de las caderas. Un resultado por encima de 1,9 cm en las mujeres, y de 2,2 cm en los hombres, indica un incremento del riesgo para la salud.

La circunferencia de su cintura también indica riesgos para la salud predecibles pero también evitables. Si es usted una mujer con unas medidas de cintura superiores a 90 cm o un hombre cuya cintura supera los 100 cm, entonces corre el riesgo de desarrollar diabetes, hipertensión y enfermedades cardiovasculares. No obstante, el estar delgado no significa necesariamente que se esté sano y en forma. Lo más importante para gozar de una buena salud es la buena forma, flexibilidad y fuerza cardiovascular.

¿Cuánto tiempo está dedicado a invertir para alcanzar sus objetivos de peso? Por lo general, antes de que empiecen a notarse cambios de fuerza, flexibilidad y composición corporal (menos grasa y más músculo) deben pasar un mínimo de 2 a 3 meses de consistentes ejercicios yóguicos, buenos alimentos y modificaciones en la dieta (véase Capítulo 7, «Alimentación yóguica»). Dependiendo de sus condiciones físicas y de cuándo inicie este programa de yoga, pueden pasar 6 o más meses antes de que su cuerpo empiece realmente a mostrar resultados. Puede que incluso quiera empezar un diario de yoga y anotar sus pensamientos acerca de cómo se encuentra y qué aspecto presenta, para ayudarse a identificar aquellas zonas que le gustaría cambiar.

Una buena idea sería ir comprobando su progreso cada 3 meses para reevaluar sus objetivos. Por ejemplo, al cabo de 3 meses de estar practicando la serie Yoga de poder del Capítulo 3, debería estar acabando la serie Yoga de poder, nivel intermedio. Llegado a ese punto, tal vez quisiera determinar su IMC y su índice cintura-caderas y comprobar si ha tenido lugar algún cambio. Dependiendo de los resultados y del nivel de comodidad durante la práctica, puede que desee iniciar una rutina de mayor intensidad, y por ello puede avanzar hasta el nivel intermedio-avanzado.

Las personas que combinan grandes raciones de alimentos y una ingesta calórica con una vida inactiva, sentadas frente a ordenadores y televisores, tomando el ascensor en lugar de subir escaleras y yendo de casa a la oficina en coche constituyen la prueba palpable de por qué 97 millones de estadounidenses padecen sobrepeso. Somos muchos lo que necesitamos incluir actividades físicas y una dieta adecuada en nuestras vidas. Por favor, tenga en cuenta que este programa de Yoga para perder peso no es únicamente una serie de ejercicios, sino un programa de modificación del estilo de vida a través del que irá acumulando hábitos para mejorar y proteger su salud y apariencia. Realice una afirmación diaria para sí mismo acerca de sus objetivos de pérdida de peso mediante la práctica consistente del yoga y de una alimentación sana.

Yoga básico

Comprender unos cuantos movimientos fundamentales le ayudará a realizar correctamente las posturas de yoga que aparecen en este libro. Estos movimientos se hallan incorporados en muchas posturas de yoga y le ayudarán a acumular fuerza, flexibilidad y un alineamiento correcto en la parte superior del cuerpo y la región lumbar de la espalda.

Las acciones de comprimir, mantener y soltar que se encuentran en *Presionar y apretar los hombros* y en *Bascular la pelvis* son fundamentales en la práctica yóguica, tratándose de amasar y expulsar la tensión y el estrés de una zona en particular a la vez que se aporta sangre nueva y oxigenada a los músculos y tejidos. La acción de levantar el esternón (véase la postura de *La montaña*, página 32), aparece repetida una y otra vez en muchas otras posturas yóguicas.

Utilizar la energía básica —al elevar los músculos abdominales para obtener el máximo apoyo— también es esencial al practicar las posturas de yoga. Eso incluye *mula bandha*, «llave de la raíz», que contrae el perineo (véase p. 35), y *uddiyana bandha*, que contrae el abdomen (p. 104). Mula bandha y uddiyana bandha están incluidos en las posturas de yoga y enfocan la atención al centro del cuerpo, creando una sólida base en los músculos abdominales, pélvicos y genitales.

La respiración *ujjayi* es una técnica clásica de respiración yóguica o *pranayama*. Puede combinarse con las asanas de *El saludo al sol* (véanse pp. 55-79) para unir las posturas y alentar la concentración, la calma y la meditación. Al final de la sesión es importante relajarse en profundidad en la postura de *Relajación* o *Savasana* (pp. 151-152), y practicar la *Meditación de observación* (p. 36) a fin de disponer de unos cuantos minutos para aumentar la efectividad de las posturas y calmar la mente y el sistema nervioso.

Serie de Yoga básico y de Yoga suave

Empiece sus 2 primeras semanas de práctica yóguica con las posturas de Yoga básico que siguen y las posturas de Yoga suave que hallará en el Capítulo 6. Tenga en cuenta que realizar esta rutina con comodidad pudiera costarle más de 2 semanas, dependiendo de su condición física. Si se siente cómodo y confiado al realizar dichas posturas, continúe con la serie Yoga de poder que aparece en el Capítulo 3. Si no fuese así, siga con la 1ª y 2ª semanas hasta que se sienta lo suficientemente fuerte como para continuar.

1.ª semana

Programación de la serie: practique durante 30 minutos, 3 o 4 veces a la semana. Realice el Calentamiento con posturas de Yoga básico, continúe con las posturas de Yoga suave, y luego pase a Calmar, con algunas posturas más de Yoga básico.

Calentamiento:
Empujar y apretar los bombros
Bascular la pelvis
La montaña y levantar el esternón
Expandir el pecho

Yoga suave
El muñeco de trapo sentado
La rueda sentada
Flexión lateral sentada
Torsión sentada
El triángulo sentado
Expandir el pecho

Calmar
Ujjayi pranayama
Mula bandha
Postura de relajación sentada o con apoyo y meditación yóguica de observación

2.ª semana

Programación de la serie: practique entre 30 y 40 minutos, 4 veces a la semana. Realice el Calentamiento con posturas de Yoga básico, continúe con las posturas de Yoga suave, y luego pase a Calmar, con algunas posturas más de Yoga básico.

Calentamiento:

Empujar y apretar los hombros
Bascular la pelvis
La montaña y levantar el esternón
Expandir el pecho

Yoga suave

Extensión frontal intensa modificada
El árbol modificada
El guerrero I modificada
El guerrero II modificada
Invertida con apoyo
El niño modificada
Apertura de piernas modificada

Calmar

Ujjayi pranayama
Mula bandha
Postura de relajación sentada o apoyada con meditación de observación

Posturas de Yoga básico

EMPUJAR Y APRETAR LOS HOMBROS

Efectos: Estos movimientos de hombros se hallan incorporados en muchas posturas de yoga, incluyendo *La media parada de cabeza* (p. 122), *La cobra* (p. 57), *El perro mirando hacia abajo* (p. 79), *Relajación apoyada* (p. 151), *El plano inclinado* (p. 123), *Zancada* (p. 120) y *Expandir el pecho* (p. 34). Estas acciones de comprimir, mantener y soltar son fundamentales en la práctica yóguica, tratándose de amasar y expulsar la tensión y el estrés de una zona en particular a la vez que se aporta sangre nueva y oxigenada a los músculos y tejidos.

Cómo hacerlo:

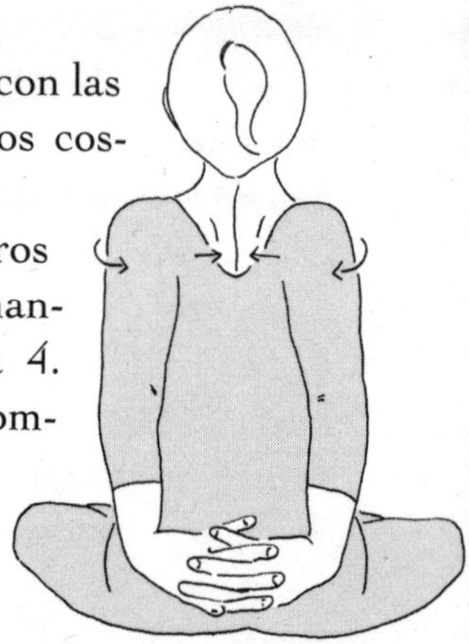

1. Siéntese derecho en la estera con las piernas cruzadas y los brazos a los costados.
2. Inspire y levante los hombros hacia las orejas. Comprímalos y mantenga la postura contando hasta 4. Espire y suelte, empujando los hombros hacia abajo, alejándolos de las orejas.
3. Agárrese las manos por detrás de la espalda. Inspire y enderece los hombros. Empuje los hombros hacia abajo, alejándolos de las orejas. Espire y comprima ligeramente los omóplatos entre sí. Mantenga la postura contando hasta 3. Suelte las manos.
4. Repita.

LA MONTAÑA Y LEVANTAR EL ESTERNÓN *(TADASANA)*

Efectos: La sutil pero importante acción de levantar el esternón hacia el techo está incluida en muchas posturas de yoga, como en *Flexión hacia atrás, de pie* (p. 56) y *Flexión sentada hacia delante* (p. 98).

Cómo hacerlo:

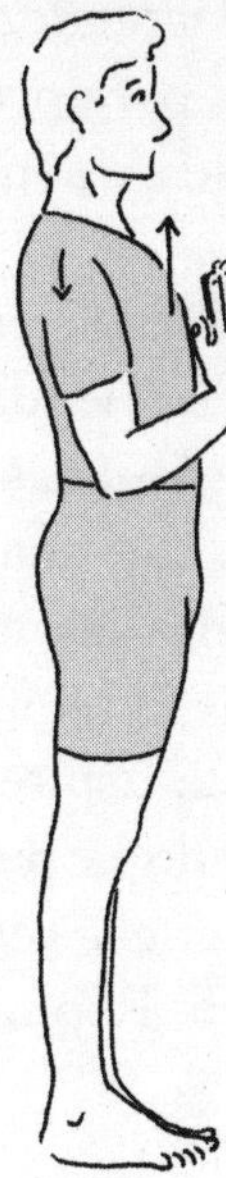

1. Adopte la postura de *La montaña*, con los pies juntos, las piernas derechas y las manos en la postura de oración frente al centro del corazón. Visualice un hilo atado al esternón (el hueso que se encuentra en el centro del pecho).
2. Inspire y visualice ese hilo siendo estirado hacia el techo. Sienta un tirón sutil y expanda el pecho, la caja torácica y el esternón, estirando la parte delantera del cuerpo. Mantenga los hombros relajados, caídos y alejados de las orejas.
3. Espire y suelte.
4. Repita.

BASCULAR LA PELVIS

Efectos: Estos movimientos pélvicos están incluidos en muchas posturas de yoga, como en *Flexión hacia atrás* (p. 56), y *El puente* (p. 101), *Levantar una sola pierna* (p. 96), y *La cobra* (p. 57). Las acciones de empujar, mantener y soltar la zona lumbar son movimientos fundamentales en yoga, que amasan y expulsar la tensión y el estrés a la vez que se aporta sangre nueva y oxigenada a los múscu-

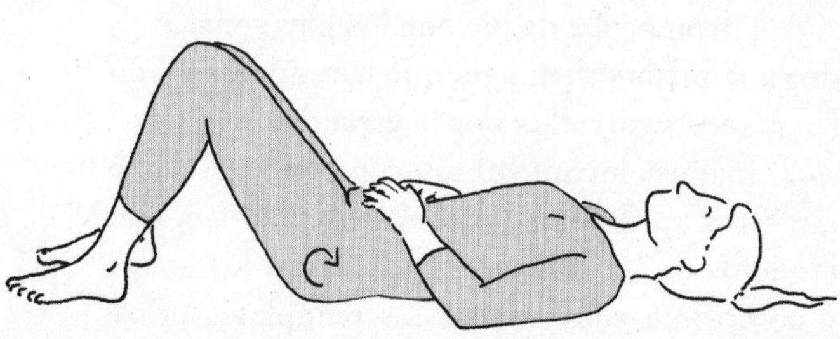

los y tejidos. Es esencial apretar los músculos de las nalgas para proteger y estabilizar la región lumbar de la espalda y activar los abdominales.

Cómo hacerlo:

1. Tiéndase de espaldas en la estera, con las rodillas flexionadas y apoyando las plantas de los pies en la estera, con una separación similar a la de las caderas. Descanse las manos sobre el abdomen. Inspire y permita que la región lumbar se arquee de manera natural.
2. Espire, apretando los músculos de las nalgas, basculando la pelvis y metiendo el abdomen. Empuje suavemente la región lumbar contra la estera. Inspire y suelte.
3. Repita el ejercicio.

EXPANDIR EL PECHO

Efectos: este ejercicio incluye elementos de los tres anteriores: *Empujar y apretar los hombros*, *La montaña y levantar el esternón*, y *Bascular la pelvis*. Si los hombros y el pecho están rígidos, intente agarrar una toalla o cinturón por detrás mientras realiza este ejercicio.

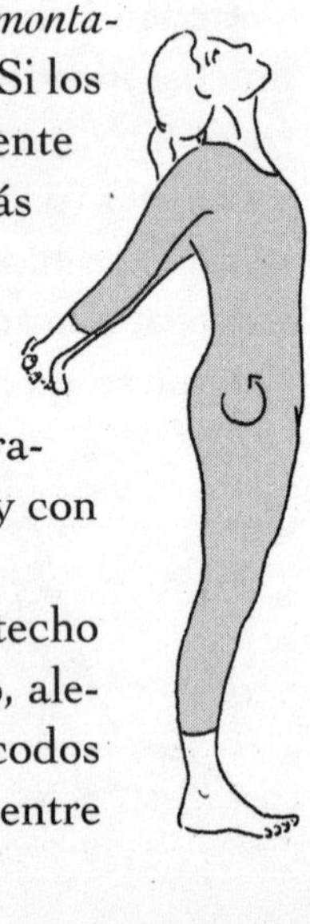

Cómo hacerlo:

1. Permanezca de pie con los pies separados a la misma distancia que las caderas y con las manos agarradas por la espalda.
2. Inspire, levante el esternón hacia el techo mientras aprieta los hombros hacia abajo, alejándolos de las orejas. Espire, estire los codos y comprima suavemente los omóplatos entre

sí. Apriete los músculos de las nalgas, bascule la pelvis hacia abajo y meta el abdomen.

3. Inspire, suelte y relaje.

UJJAYI PRANAYAMA

Efectos: la respiración ujjayi es una técnica clásica del pranayama (respiración yóguica), practicada mientras se mantienen las posturas, y que se combina con *El saludo al sol* (pp. 55-79) para unir las posturas y facilitar la concentración, la calma y la meditación.

Cómo hacerlo:

1. Mantenga los labios cerrados, constriñendo la parte de atrás de la garganta, o la glotis (el espacio abierto entre las cuerdas vocales), durante la inspiración y espiración. Eso produce un siseo profundo, como el que se escucha cuando se acerca Darth Vader, el malo de *La guerra de las galaxias*...
2. Si le resulta demasiado difícil, empiece murmurando el sonido *aaah* mientras inspira y espira a través de la boca abierta.
3. A continuación, cierre los labios y respire por la nariz, continuando con el siseo *aaah* desde la parte de atrás de la garganta.

MULA BANDHA

Efectos: Mula bandha, o «llave de la raíz», contrae el perineo, o suelo pélvico, que comprende los músculos pubococcígeos entre el recto y los genitales. Eso proporciona conciencia al hondón del cuerpo, reforzando los músculos abdominales, pélvicos y genitales.

Cómo hacerlo:

1. Siéntese bien derecho en una silla o en el suelo, con las piernas cruzadas. Para visualizar dónde se encuentran los músculos pélvicos, imagine que detiene el flujo de la orina. Inspire, luego espire y contraiga esos músculos, tirando hacia la zona genital y llevándolos hacia arriba a través de la columna vertebral. Inspire y suelte los músculos.
2. Aísle el grupo de músculos alrededor del ano. Inspire, luego espire y contraiga los músculos, tirando de ellos hacia arriba. Inspire y suéltelos.
3. A continuación, combine ambas acciones. Inspire, luego espire y contraiga los músculos del ano y los genitales al mismo tiempo. Inspire y suelte los músculos.

MEDITACIÓN DE OBSERVACIÓN

Efectos: La Meditación de observación yóguica practica *svadhyaya* (la comprensión del ser), que forma parte de niyama, uno de los ocho miembros del yoga, tal y como aparecen descritos en los *Yoga-sutras* de Patañjali (véase Capítulo 1). Esta práctica incluye la autoobservación, que nutre la introspección, serenidad y la conexión cósmica, conduciendo finalmente a la unión universal con todo lo que eres.

Cómo hacerlo:

1. Siéntese derecho en una silla con las piernas juntas y los pies reposando sobre el suelo, o bien tendido en la

postura de *Relajación apoyada* (p. 151). Asegúrese de que se encuentra cómodo y relajado en esta postura.

2. Durante varios minutos, o más tiempo, sienta los cambios que tienen lugar externa e internamente en el cuerpo. Observe cómo se siente. ¿Cómo siente la piel? ¿Nota hormigueo? ¿Está caliente? Tras los estiramientos de yoga, sienta y disfrute de la energía y la calidez que fluyen hacia áreas que previamente estaban tiesas a causa de la tensión o la fatiga. Intente relajar conscientemente las zonas que sigan tensas, fatigadas o doloridas.

3. Con tranquilidad, tome nota del fluir de sus pensamientos. ¿Tiene la mente inquieta? ¿Tiene pensamientos negativos? Tranquilice la mente concentrándose en la respiración. Centre su atención en la punta de la nariz. Observe la frescura del aire al fluir en el interior de las fosas nasales y la calidez del que sale por ellas. Mantenga la atención en la respiración. Si su mente vaga, hágala regresar a la respiración fluyendo hacia el interior y luego hacia el exterior, por las fosas nasales. Esté en el momento.

4. Ahora sustituya sus pensamientos negativos por sugerencias positivas, como palabras, afirmaciones, pensamientos edificantes y oraciones. Inspire amor, luz, energía y sanación con cada célula del cuerpo. Espire toda la negatividad, oscuridad, tensión y fatiga. Descanse el cuerpo y la mente tanto como quiera.

Capítulo 3

Yoga de poder

¿Quiere fundir kilos, aumentar su fuerza y flexibilidad, estirar los músculos espirituales y hallar paz interior al mismo tiempo? Puede conseguir todo eso y mucho más con una combinación de yoga y ejercicios aeróbicos siguiendo la serie Yoga de poder, que le hará quemar montones de calorías, despertar el metabolismo, y fomentar la salud cardiovascular. A lo largo de los años, he observado lo potente y efectiva que resulta una combinación de yoga y ejercicios aeróbicos. Esta serie es el método más efectivo para perder peso o mantener el que se considera ideal, y le permitirá sacar el máximo partido del tiempo que le dedique.

A primera vista, el yoga y los ejercicios aeróbicos parecen hallarse en extremos opuestos del espectro de la forma física, pero en realidad son complementarios. El yoga y los ejercicios aeróbicos son el *yin* y el *yang* de la fuerza y la flexibilidad. La parte aeróbica de las series quema calorías, eleva el ritmo cardíaco y el metabolismo y provoca calor, que a su vez aumenta el segmento de la serie Yoga de poder, y hace desaparecer más kilos, a la vez que refuerza y estira los músculos, calmando la mente.

A fin de poner en forma el corazón y los pulmones, estimular el metabolismo y quemar calorías mientras se reduce el riesgo de enfermedad cardíaca, cáncer y diabetes, los expertos médicos recomiendan series aeróbicas, como caminar vigorosamente, carrera ligera, correr, rueda de andar/*jogging*, natación, aeróbic, bicicleta estática o saltar a la comba, 3 o 4 veces a la semana durante 30 o 40 minutos. Una de las concepciones erróneas acerca del yoga es que no proporciona suficiente ejercicio cardiovascular. No obstante, la práctica del vigoroso *ashtanga vinyasa*, o yoga de poder, puede resultar tan eficaz como muchas actividades aeróbicas.

La práctica del ashtanga yoga consiste sobre todo en vinyasas, o un continuo fluir de posturas. Una postura sigue a otra, de manera que uno se mueve constantemente entre posturas sin descansar. Eso tiene como resultado un fantástico ejercicio cardiovascular que desafía la flexibilidad, fuerza y resistencia. Combinar los ejercicios aeróbicos y el ashtanga yoga incrementa la intensidad cardiovascular, y es una manera estupenda de quemar calorías y esculpir las nalgas.

Lo básico acerca de adelgazar

¿Sigue una dieta baja en calorías y hace ejercicio un par de veces a la semana, pero sigue sin poder perder esos kilos de más? ¿Le resulta familiar? Somos muchos los que echamos la culpa de los kilos de más a nuestros metabolismos lentos, pero el hecho es que la mayoría contamos con metabolismos normales, que no son ni demasiado lentos ni demasiado rápidos. Eso no significa que no puedan cambiarse. Se puede, y para mejor. Y ésta es la clave: ejercicio.

Para perder peso hay que quemar más calorías de las

que se consumen. Se puede aumentar el metabolismo y el número de calorías que se queman al aumentar el ejercicio. Para perder peso, los expertos en forma física recomiendan la práctica regular de ejercicios aeróbicos, como la serie de Yoga de poder que viene a continuación.

Para perder 1/2 kg necesita quemar 3.500 calorías. Si quiere crear un déficit de 500 calorías cada día durante 7 días, entonces al final de la semana habrá perdido 1/2 kg. No hay que ser un genio de las matemáticas para darse cuenta de que si se continúa a ese ritmo se acabarán perdiendo 26 kg al año. Una de las claves para aumentar el metabolismo y perder peso es hacer ejercicio de manera más inteligente, no necesariamente más fuerte. Como los músculos se adaptan y se hacen más metabólicamente eficientes con la misma cantidad de ejercicio, es necesario variar la rutina yóguica y aeróbica periódicamente a fin de desafiar a los músculos y al sistema cardiovascular. Eso es precisamente lo que hacen las rutinas de Yoga de poder en 4 semanas que he creado.

Aumentar la quema de calorías

Otra manera de quemar más calorías de lo habitual y de estimular el metabolismo es incluir intervalos de mayor intensidad entre las sesiones de Yoga de poder. Los intervalos de mayor intensidad aumentan el ritmo cardíaco, la intensidad, desde luego, y la quema de calorías, si se añaden períodos de 1 minuto de ejercicios anaeróbicos al programa aeróbico. Ejercicios vigorosos, como andar, correr o pedalear, realizados de manera continua durante más de 3 o 4 minutos se consideran aeróbicos. Realizar ejercicio a fondo, como correr a toda velocidad, levantar pesos o la escalada, en intervalos cortos —de hasta 60 segundos— se considera ejercicio anaeróbico.

El ejercicio aeróbico y anaeróbico quemará calorías derivadas de hidratos de carbono y grasas. El ejercicio aeróbico, como correr o caminar durante más de 20 minutos al 65 % del ritmo cardíaco máximo, permite que el cuerpo utilice las grasas como fuente de combustible (véase la siguiente sección). Ésa es la zona de quema de grasas. Quemará grasas y perderá peso si continúa ejercitándose a esa intensidad aeróbica de 6 a 7 veces a la semana durante 50 a 60 minutos, igual que si practica las serie de Yoga de poder que aparecen a continuación. Ocuparse en ejercicios de alta intensidad anaeróbica al 85 % del ritmo cardíaco máximo quemará sobre todo calorías de hidratos de carbono, permitiéndole quemar más calorías a lo largo del día.

Para aumentar la intensidad de la quema de calorías, pruebe con las series de nivel intermedio, intermedio-avanzado y de mantenimiento de Yoga de poder, que incluyen intervalos de mayor intensidad de 1 minuto en la rutina de Yoga de poder. En las 24 horas siguientes tras el ejercicio, su metabolismo irá más deprisa, quemando unos cuantos cientos de calorías más que habitualmente. Tenga cuidado porque los intervalos de mayor intensidad no son cosa de principiantes. No obstante, al ir mejorando su forma física, también aumentará su fuerza y resistencia, así como su capacidad para incorporar y beneficiarse de los intervalos intensivos.

ZONAS DE QUEMA DE CALORÍAS/HIDRATOS DE CARBONO

1. Para saber cuál es su ritmo cardíaco máximo (RCM), reste su edad de 220. Por ejemplo, para una mujer de 20 años, 200 - 20 = 200 pulsaciones por minuto (PPM).

2. Para determinar el extremo inferior de su zona de quema de calorías, halle el 50 % de su ritmo cardíaco máximo. Por ejemplo, 200 RCM x 0,5 = 100. Para determinar el extremo superior, halle el 65 % de su ritmo cardíaco máximo. Por ejemplo, 200 RCM x 0,65 = 130. Eso es para practicantes experimentados. Los principiantes deberían trabajar en el extremo inferior. Poco a poco hay que alcanzar el extremo superior para quemar al máximo.

3. Para determinar la zona de quema de hidratos de carbono, halle el 90 % de su ritmo cardíaco máximo. Por ejemplo, 200 RCM x 0,90 = 180. En esta banda sólo deben moverse practicantes experimentados.

4. Para comprobar el ritmo cardíaco durante la práctica sostenida de ejercicios aeróbicos, coloque los dedos índice y corazón en el punto del pulso de la muñeca contraria. Utilizando un reloj con segundero, cuente las pulsaciones durante 10 segundos. Multiplique el número de pulsaciones por 6 para obtener el ritmo cardíaco. Asegúrese de que el pulso se ajusta a la banda que le conviene. Realice una comprobación periódica del pulso mientras practique ejercicios aeróbicos e inmediatamente después de finalizar.

5. Ponga siempre mucha atención a las señales que indiquen sobreesfuerzo, como puede ser fuertes latidos en el pecho, vértigo, mareo, sudar con profusión o la incapacidad de mantener una conversación normal debido a la falta de aliento. Si se manifiesta alguno de esos sínto-

mas, lo que se impone es reducir el ritmo. Si los síntomas persisten, consulte a su médico.

Antes de empezar

- Si acaba de empezar un programa de forma física, recuerde que debe trabajar para alcanzar la frecuencia y la duración recomendadas, de manera cómoda y gradual.
- Ejecute los vinyasas lentamente, de acuerdo a sus propias capacidades. No debería dolerle nunca, ni quedarse sin aliento.
- Siempre que inicie un nuevo programa de ejercicios consulte con su médico.

Planificación de su serie de 4 semanas de Yoga de poder

Elija una de las cinco series siguientes de Yoga de poder para perder peso y ganar forma en el menor tiempo posible. Los vinyasas que aparecen en este capítulo incluyen *El saludo al sol* y tres variaciones para niveles distintos de experiencia, así como *El saludo a la luna.* Puede empezar con la serie Yoga de poder tras practicar las series de Yoga básico y Yoga suave, que aparecen en los Capítulos 2 y 6, durante 2 semanas. Tenga en cuenta que realizar esta rutina con comodidad pudiera costarle más de 2 semanas, dependiendo de su condición física. Si se siente cómodo y confiado al realizar dichas posturas, continúe con la serie Yoga de poder.

Empiece con las variaciones sencillas de Yoga de poder, que le ayudarán a acumular el vigor, la fuerza y la coordinación necesarias para practicar las más difíciles. Al progresar de principiante a mantenimiento a lo largo de un período de 4 meses, irá aumentando su práctica yóguica de 30 a 60 minutos al día, de 3 a 6 días a la semana.

Mientras practique el primer ciclo de vinyasa, puede sentirse rígido y torpe. Pero en el segundo o tercer ciclo, los movimientos empezarán a fluir con más facilidad y el ritmo de la respiración se tornará más natural.

Al practicar los vinyasas, concéntrese no sólo en cada postura, sino también en el uso de la respiración. La respiración une las posturas en la práctica vinyasa y energetiza el ejercicio aeróbico. Durante la práctica de la serie Yoga de poder, mantenga una respiración profunda y rítmica, sincronizando el flujo de posturas de yoga con la inspiración y espiración. Una buena regla a seguir es inspirar al realizar una flexión hacia atrás y espirar durante las flexiones hacia delante. La respiración ujjayi es una técnica clásica de pranayama (respiración yóguica) que a menudo se vincula con vinyasa. Durante la respiración ujjayi mantenga un ritmo respiratorio regular y controlado (véase p. 29).

Esta completa serie de vinyasas yóguicos y la potente combinación de estiramientos con ejercicios para obtener fuerza y equilibrio, producirá beneficiosas mejoras físicas en poco tiempo. La columna vertebral se tornará más flexible y los tendones de la corva, normalmente tiesos, empezarán a soltarse, mientras el cuerpo se tonifica, gana firmeza y se refuerza.

Planificación de la serie Yoga de poder

1. SERIE YOGA DE PODER, NIVEL PRINCIPIANTE

Tras practicar las series Yoga básico y Yoga suave que aparecen en los Capítulos 2 y 6 durante 2 semanas, los principiantes deben empezar con *El saludo al sol A*. Después de finalizar este plan de 4 semanas, se puede empezar con la serie Yoga de poder nivel principiante-intermedio. Tenga en cuenta que realizar esta rutina con comodidad pudiera costarle más de 4 semanas, dependiendo de su condición física. No se preocupe, y tómese el tiempo necesario antes de pasar al nivel principiante-intermedio.

Para quemar calorías adicionales y hacer que la serie sea incluso más eficaz, puede añadir los planes Yoga para los abdominales y Yoga para tonificar a su práctica, en días alternos.

1.ª y 2.ª semanas

Programación de la serie: practique *El saludo al sol A* (p. 55) 3 o 4 días a la semana durante entre 20 y 30 minutos. El resto de los días de la semana dé un paseo de 15 minutos, caminando al 50 % de su ritmo cardíaco máximo.

Calentamiento: antes de iniciar las repeticiones de *El saludo al sol A* o caminar, ejecute *El saludo al sol A*, una vez, lentamente, manteniendo cada postura durante 5 respiraciones.

El saludo al sol A: ejecute de 4 a 6 repeticiones de *El saludo al sol A*, manteniendo cada postura durante 3 respiraciones. Sitúese en el 50 % de su ritmo cardíaco máximo.

Aeróbicos: camine durante 15 minutos, al 50 % de su ritmo cardíaco máximo.

Calmar: ejecute 1 repetición de *El saludo al sol A*, poco a poco, manteniendo cada postura durante 5 respiraciones. Finalice con entre 5 o 10 minutos de *Relajación con apoyo.*

3.ª y 4.ª semanas

Programación de la serie: practique *El saludo al sol A* 4 o 5 días a la semana durante 30 minutos, seguidos de una caminata de 15 minutos.

Calentamiento: Ejecute *El saludo al sol A* una vez, lentamente, manteniendo cada postura durante 5 respiraciones.

El saludo al sol A: ejecute de 6 a 8 repeticiones de *El saludo al sol A,* con una velocidad en aumento, manteniendo cada postura durante entre 1 y 3 respiraciones. Sitúese entre el 50 y el 65 % de su ritmo cardíaco máximo.

Aeróbicos: camine durante 15 minutos, entre el 50 y el 65 % de su ritmo cardíaco máximo.

Calmar: ejecute 1 repetición de *El saludo al sol A,* poco a poco, manteniendo cada postura durante 5 respiraciones. Finalice con entre 5 y 10 minutos de *Relajación apoyada* (p. 151).

2. SERIE YOGA DE PODER, NIVEL PRINCIPIANTE-INTERMEDIO

Una vez que haya dominado *El saludo al sol A*, podrá pasar a *El saludo al sol B*. Tras finalizar este plan de 4 semanas para nivel principiante-intermedio, podrá pasar al intermedio. Pero tenga en cuenta que realizar esta rutina con comodidad pudiera costarle más de 4 semanas, dependiendo de su condición física. No se preocupe, y tómese el tiempo necesario antes de pasar a la práctica del nivel intermedio.

Para quemar calorías adicionales y hacer que la serie sea incluso más eficaz, puede añadir los planes Yoga para los abdominales y Yoga para tonificar a su práctica, tal como aparecen en los Capítulos 4 y 5.

1.ª y 2.ª semanas

Programación de la serie: practique *El saludo al sol B* (p. 59) 4 o 5 días a la semana durante 30 minutos, seguidos de un paseo de 20 minutos.

Calentamiento: ejecute *El saludo al sol A*, una vez, lentamente, manteniendo cada postura durante 5 respiraciones.

El saludo al sol B: ejecute de 4 a 6 repeticiones de *El saludo al sol B*, manteniendo cada postura durante 3 respiraciones. Sitúese en el 50 y el 65 % de su ritmo cardíaco máximo.

Aeróbicos: camine durante 20 minutos, a un ritmo entre el 50 y el 65 % de su ritmo cardíaco máximo.

Calmar: ejecute 1 repetición de *El saludo al sol A*, poco a poco, manteniendo cada postura durante 5 respiraciones. Finalice con entre 5 o 10 minutos de *Relajación con apoyo*.

3.ª y 4.ª semanas

Programación de la serie: practique *El saludo al sol B* 5 días a la semana durante 30 minutos, seguidos de 20 minutos de actividad aeróbica.

Calentamiento: Ejecute *El saludo al sol A* una vez, lentamente, manteniendo cada postura durante 5 respiraciones.

El saludo al sol B: ejecute de 6 a 8 repeticiones de *El saludo al sol B*, con una velocidad en aumento, manteniendo cada postura durante entre 1 y 3 respiraciones. Sitúese entre el 50 y el 65 % de su ritmo cardíaco máximo.

Aeróbicos: en lugar de caminar, realice una actividad aeróbica distinta, como algo de jogging o bicicleta estática durante 20 minutos. Sitúese entre el 50 y el 65 % de su ritmo cardíaco máximo.

Calmar: ejecute 1 repetición de *El saludo al sol A*, poco a poco, manteniendo cada postura durante 5 respiraciones. Finalice con entre 5 o 10 minutos de *Relajación con apoyo*.

3. SERIE YOGA DE PODER, NIVEL INTERMEDIO

Una vez que haya dominado *El saludo al sol A y B*, podrá pasar a *El saludo al sol C* (p. 64). Tras finalizar este plan de 4 semanas para nivel intermedio, podrá pasar al intermedio-avanzado. Pero tenga en cuenta que realizar esta rutina con comodidad pudiera costarle más de 4 semanas, dependiendo de su condición física. No se preocupe, y tómese el tiempo necesario antes de pasar a la práctica del nivel intermedio-avanzado.

Para quemar calorías adicionales y hacer que la serie sea incluso más eficaz, puede añadir los planes Yoga para los abdominales y Yoga para tonificar a su práctica, tal como aparecen en los Capítulos 4 y 5.

1.ª y 2.ª semanas

Programación de la serie: practique *El saludo al sol C* 5 días a la semana durante 30 minutos, seguidos de 20 minutos de su actividad aeróbica favorita, como caminar, jogging suave, cinta de andar/jogging o bicicleta estática.

Calentamiento: ejecute *El saludo al sol A*, una vez, lentamente, manteniendo cada postura durante 5 respiraciones.

El saludo al sol C: ejecute de 4 a 6 repeticiones de *El saludo al sol C*, manteniendo cada postura durante 3 respiraciones. Sitúese en el 50 y el 65 % de su ritmo cardíaco máximo.

Aeróbicos: 20 minutos de su actividad aeróbica favorita más 3 intervalos, de 1 minuto cada uno, de una actividad de alta intensidad. Por ejemplo, si ha elegido caminar, camine durante 5 minutos, luego camine muy deprisa o realice un poco de jogging suave durante 1 minuto; repita la secuencia 2 veces y camine los 5 minutos restantes. Si hace jogging, entonces acelere durante los intervalos de 1 minuto; si lo que practica es bicicleta estática, añada intervalos de 1 minuto de saltar a la comba; si va por la cinta de andar, aumente su velocidad o vaya cuesta abajo. Ejercítese a un ritmo entre el 50 y el 65 % de su ritmo cardíaco máximo.

Calmar: ejecute 1 repetición de *El saludo al sol A*, poco a poco, manteniendo cada postura durante 5 respiraciones. Finalice con entre 5 o 10 minutos de *Relajación con apoyo*.

3.ª y 4.ª semanas

Programación de la serie: practique *El saludo al sol C* 5 días a la semana durante 30 minutos, seguidos de 30 minutos de actividad aeróbica.

Calentamiento: Ejecute *El saludo al sol A* una vez, lentamente, manteniendo cada postura durante 5 respiraciones.

El saludo al sol C: ejecute de 6 a 8 repeticiones de *El saludo al sol C*, con una velocidad en aumento, manteniendo cada postura durante entre 1 y 3 respiraciones. Sitúese entre el 50 y el 65 % de su ritmo cardíaco máximo.

Aeróbicos: 30 minutos de su actividad aeróbica favorita más 3 intervalos, de 1 minuto cada uno, de una actividad de alta intensidad. Por ejemplo, si ha elegido caminar, camine durante 5 minutos, luego camine muy deprisa o realice un poco de jogging suave durante 1 minuto; repita la secuencia 3 veces y camine los 10 minutos restantes. Si hace jogging, entonces esprinte durante los intervalos de 1 minuto; si lo que practica es bicicleta estática, añada intervalos de 1 minuto de saltar a la comba; si va por la cinta de andar, aumente su velocidad o vaya cuesta abajo. Ejercítese a un ritmo entre el 50 y el 65 % de su ritmo cardíaco máximo.

Calmar: ejecute 1 repetición de *El saludo al sol A*, poco a poco, manteniendo cada postura durante 5 respiraciones. Finalice con entre 5 o 10 minutos de *Relajación con apoyo*.

4. SERIE YOGA DE PODER, NIVEL INTERMEDIO-AVANZADO

Una vez que haya dominado *El saludo al sol A, B y C*, podrá pasar a *El saludo al sol D* (p. 68) y *El saludo a la luna* (p. 80). Tras finalizar este plan de 4 semanas para nivel intermedio-avanzado, podrá pasar al de mantenimiento. Pero tenga en cuenta que realizar esta rutina con comodidad pudiera costarle más de 4 semanas, dependiendo de su condición física. No se preocupe, y tómese el tiempo necesario antes de pasar a la práctica del nivel de mantenimiento.

Para quemar calorías adicionales y hacer que la serie sea incluso más eficaz, puede añadir los planes Yoga para los abdominales y Yoga para tonificar a su práctica, tal como aparecen en los Capítulos 4 y 5.

1.ª y 2.ª semanas

Programación de la serie: practique *El saludo al sol D* y *El saludo a la luna* 5 días a la semana durante 30 minutos, seguidos de 30 minutos de su actividad aeróbica favorita, como caminar, jogging suave, cinta de andar/jogging o bicicleta estática.

Calentamiento: ejecute *El saludo al sol A*, una vez, lentamente, manteniendo cada postura durante 5 respiraciones.

El saludo al sol D y El saludo a la luna: ejecute 1 vez *El saludo al sol D* y luego *El saludo a la luna*, también 1 vez, manteniendo cada postura durante 3 respiraciones. Sitúese en el 50 y el 65 % de su ritmo cardíaco máximo.

Aeróbicos: 30 minutos de su actividad aeróbica favorita más 4 intervalos, de 1 minuto cada uno, de una actividad de alta intensidad. Por ejemplo, si ha elegido caminar, camine durante 5 minutos, luego camine muy deprisa o realice un poco de jogging suave durante 1 minuto; repita la secuencia 3 veces y camine el tiempo restante. Si hace jogging, entonces esprinte durante los intervalos de 1 minuto; si lo que practica es bicicleta estática, añada intervalos de 1 minuto de saltar a la comba; si va por la cinta de andar, aumente su velocidad o vaya cuesta abajo. Ejercítese a un ritmo entre el 50 y el 65 % de su ritmo cardíaco máximo.

Calmar: ejecute 1 repetición de *El saludo al sol A*, poco a poco, manteniendo cada postura durante 5 respiraciones. Finalice con entre 5 o 10 minutos de *Relajación con apoyo.*

3.ª y 4.ª semanas

Programación de la serie: practique *El saludo al sol D* y *El saludo a la luna* 6 días a la semana durante 30 minutos, seguidos de 30 minutos de actividad aeróbica.

Calentamiento: ejecute *El saludo al sol A* una vez, lentamente, manteniendo cada postura durante 5 respiraciones.

El saludo al sol D y El saludo a la luna: ejecute 1 vez *El saludo al sol D* y luego 2 veces *El saludo a la luna*, manteniendo cada postura durante entre 1 y 3 respiraciones. Sitúese en el 50 y el 65 % de su ritmo cardíaco máximo.

Aeróbicos: 30 minutos de su actividad aeróbica favorita más 5 intervalos, de 1 minuto cada uno, de una actividad de alta intensidad. Por ejemplo, si ha elegido caminar, camine durante 5 minutos, luego camine muy deprisa o realice un poco de jogging suave durante 1 minuto; repita la secuencia 4 veces y camine los 10 minutos restantes. Si hace jogging, entonces esprinte durante los intervalos de 1 minuto; si lo que practica es bicicleta estática, añada intervalos de 1 minuto de saltar a la comba; si va por la cinta de andar, aumente su velocidad o vaya cuesta abajo. Ejercítese a un ritmo entre el 50 y el 65 % de su ritmo cardíaco máximo.

Calmar: ejecute 1 repetición de *El saludo al sol A*, poco a poco, manteniendo cada postura durante 5 respiraciones. Finalice con entre 5 o 10 minutos de *Relajación con apoyo.*

5. SERIE YOGA DE PODER, NIVEL MANTENIMIENTO

¡Felicidades! Una vez llegados a este punto querrá decir que ya dominará *El saludo al sol A, B, C y D* y *El saludo a la luna*. Estoy segura de que tendrá un aspecto estupendo y que se sentirá fenomenal. Ejecute esta serie Yoga de poder, nivel mantenimiento para continuar acumulando y manteniendo los beneficios respecto a fuerza, forma cardiovascular y flexibilidad.

Para quemar calorías adicionales y hacer que la serie sea incluso más eficaz, puede añadir los planes Yoga para los abdominales y Yoga para tonificar a su práctica, tal como aparecen en los Capítulos 4 y 5.

1.ª semana y siguientes

Programación de la serie: alterne la práctica entre *El saludo al sol A, B, C y D* y *El saludo a la luna* 5 días a la semana entre 20 y 30 minutos, seguidos de 20 a 30 minutos de su actividad aeróbica favorita, como caminar, jogging suave, cinta de andar/jogging o bicicleta estática. Si está muy ocupado, también puede partir esta rutina. Por ejemplo, puede practicar *El saludo al sol* entre 20 y 30 minutos por la mañana y su ejercicio aeróbico a la hora de comer, dando una caminata a paso fuerte.

Calentamiento: ejecute *El saludo al sol A,* una vez, lentamente, manteniendo cada postura durante 5 respiraciones.

El saludo al sol: ejecute de 4 a 6 repeticiones de *El saludo al sol A, B o C,* o bien *El saludo al sol D* y luego *El saludo a la luna,* 1 vez cada uno, manteniendo cada postura durante 3 respiraciones. Sitúese en el 50 y el 65 % de su ritmo cardíaco máximo.

Aeróbicos: de 20 a 30 minutos de su actividad aeróbica favorita más 3 intervalos, de 1 minuto cada uno, de una actividad de alta intensidad. Por ejemplo, si ha elegido caminar, camine durante 5 minutos, luego camine muy deprisa o realice un poco de jogging suave durante 1 minuto; repita la secuencia 2 veces y camine el tiempo restante. Si hace jogging, entonces esprinte durante los intervalos de 1 minuto; si lo que practica es bicicleta estática, añada intervalos de 1 minuto de saltar a la comba; si va por la cinta de andar, aumente su velocidad o vaya cuesta abajo. Ejercítese a un ritmo entre el 50 y el 65 % de su ritmo cardíaco máximo.

Calmar: ejecute 1 repetición de *El saludo al sol A*, poco a poco, manteniendo cada postura durante 5 respiraciones. Finalice con entre 5 o 10 minutos de *Relajación apoyada* (p. 151).

Vinyasas yóguicos

EL SALUDO AL SOL A *(SURYA NAMASKAR, VARIACIÓN)*: NIVEL PRINCIPIANTE Y CALENTAMIENTO

Esta antigua y clásica rutina yóguica se ejecuta tradicionalmente al amanecer, pero claro está, puede practicarse a cualquier hora del día, y en sí misma es una serie completa para el cuerpo y la mente.

1. La montaña ***(tadasana)***: permanezca de pie, con los pies juntos, las piernas estiradas, las rótulas apretadas y estiradas hacia arriba, el peso distribuido de manera regular y las manos en la postura de oración frente al centro

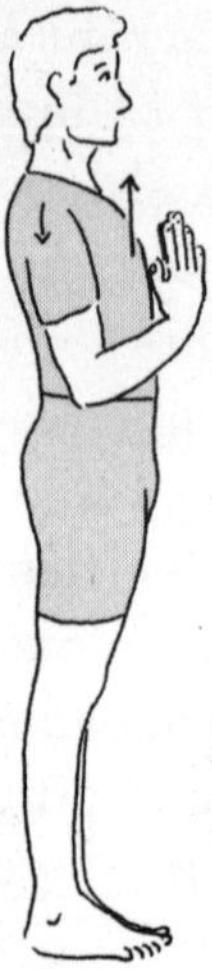

del corazón. Bascule la pelvis por debajo, metiendo el abdomen y con los hombros relajados y caídos, alejados de las orejas. Levante el esternón hacia el techo.

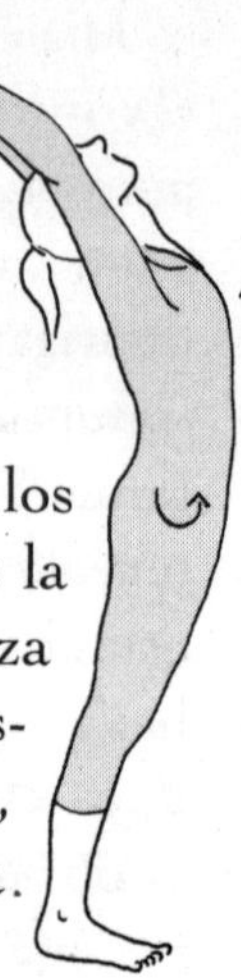

2. Flexión hacia atrás: inspire y levante los brazos en forma de V por encima de la cabeza. Apriete las nalgas con firmeza para proteger la región lumbar de la espalda, elevando el pecho hacia el techo, y doblándose hacia atrás. Mantenga la posición durante 3 segundos.

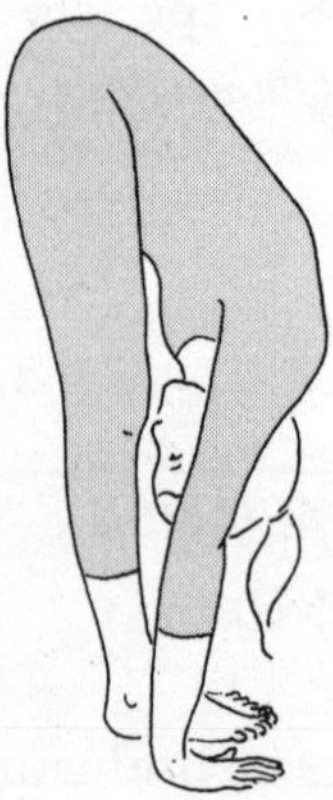

3. Flexión hacia delante *(uttanasana)*: espire, extendiendo los brazos hacia delante y flexionando el torso hacia delante a partir de las caderas, metiendo el abdomen. Flexione ligeramente las rodillas. Relaje el rostro, la cabeza, el cuello y los hombros hacia el suelo, y baje el pecho hasta tocar los muslos. Ponga las manos en el suelo, con los dedos de éstas en línea con los de los pies.

4. Zancada izquierda *(anjaneyasana)*: inspire, flexionando ambas rodillas y manteniendo ambas palmas planas junto a los pies. Lleve el pie derecho hacia atrás, acercando la rodilla derecha al suelo. Estire la barbilla hacia el techo. La

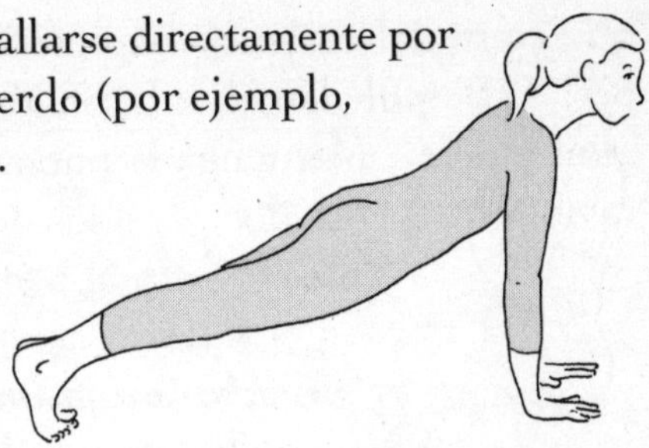

rodilla izquierda debe hallarse directamente por encima del tobillo izquierdo (por ejemplo, perpendicular al suelo).

5. La tabla ***(chaturanga dandasana)***: espire, retrasando la pierna izquierda para unirla a la derecha, y estire los brazos, como haría al comienzo de una flexión. Mantenga el cuerpo derecho, con las piernas y los brazos estirados y la cabeza en línea con la columna vertebral. Meta el estómago. Mantenga la postura entre 1 y 2 respiraciones.

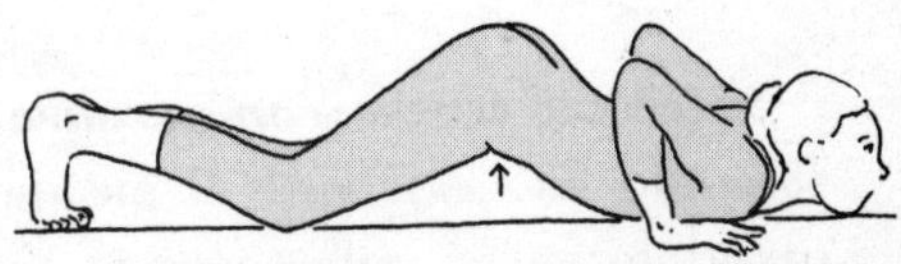

6. La tabla modificada ***(chaturanga dandasana modificada)***: espire, flexione y baje las rodillas, el pecho y la barbilla hasta tocar el suelo. Las caderas están levantadas y el abdomen metido. Esta postura es similar a una flexión femenina modificada. Mantenga los codos cerca del cuerpo. Si le resulta demasiado difícil, adopte *La tabla* para colocar el cuerpo plano, boca abajo, en el suelo. A continuación pase a la postura modificada de la flexión femenina.

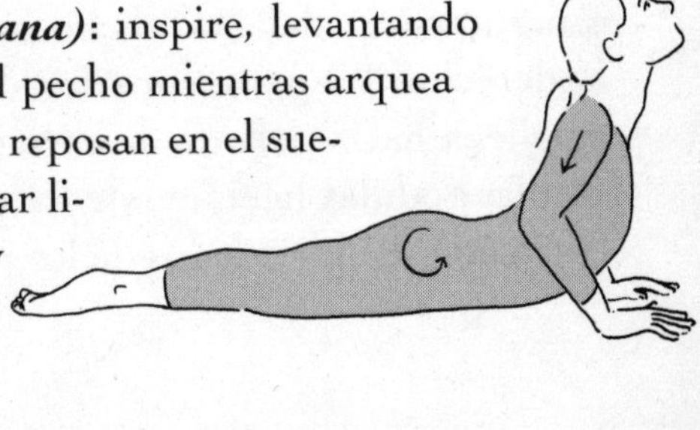

7. La cobra ***(bhujangasana)***: inspire, levantando la frente, la barbilla y el pecho mientras arquea la columna. Las caderas reposan en el suelo. Los codos deben estar ligeramente flexionados y cerca del cuerpo. Hay que empujar los hombros hacia abajo y alejarlos de las orejas. Bascule la pelvis hacia abajo para proteger la región lumbar. Mantenga la postura durante varias respiraciones.

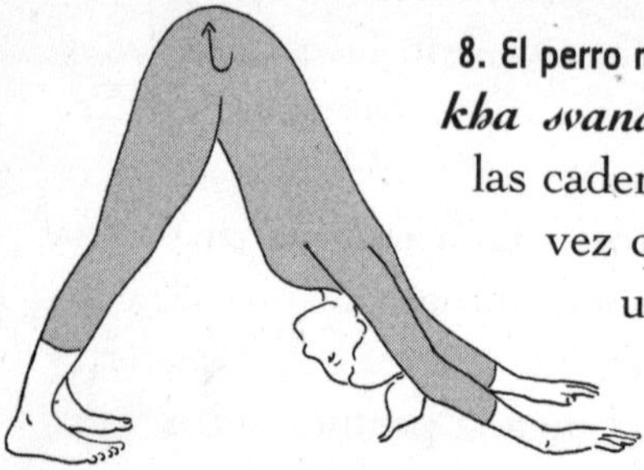

8. El perro mirando hacia abajo *(adho mukha svanasana)*: espire, levantando las caderas hacia arriba y atrás a la vez que convierte su cuerpo en una V invertida. Mantenga estirados brazos y piernas y empuje los talones hacia el suelo. Los hombros, empujados hacia abajo, alejados de las orejas.

9. Zancada derecha *(anjaneyasana)*: inspire, echando hacia delante el pie derecho y situándolo entre ambas manos, con los dedos de pies y manos alineados. Mire hacia arriba, levantando la barbilla, con las palmas de las manos apoyadas en el suelo y la rodilla izquierda en el suelo.

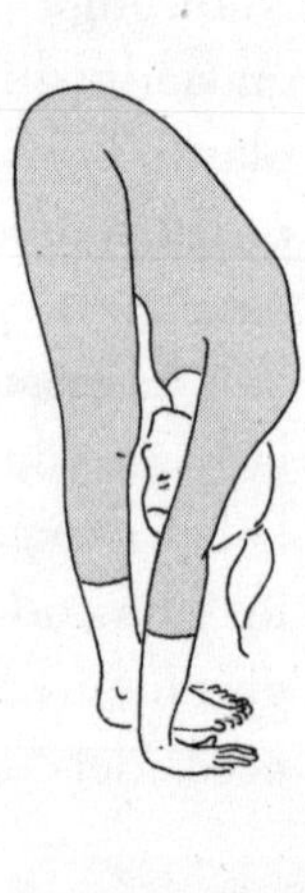

10. Flexión hacia delante *(uttanasana)*: espire, empujando con los dedos del pie izquierdo para adelantar dicho pie y unirlo al derecho. La parte superior del cuerpo se pliega hacia delante desde las caderas, con las rodillas ligeramente flexionadas y las manos a ambos lados de los pies.

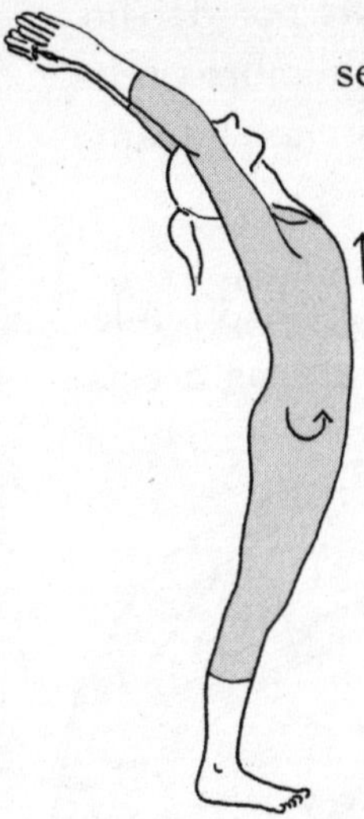

11. Flexión hacia atrás: inspire, incorporándose y manteniendo la espalda recta, con los brazos estirados por encima de la cabeza y las rodillas ligeramente flexionadas. Espire y apriete las nalgas con firmeza. Inspire, manteniendo la cabeza entre los brazos; levante el esternón hacia el techo y arquee la espalda hacia atrás. Mantenga la posición durante 3 segundos.

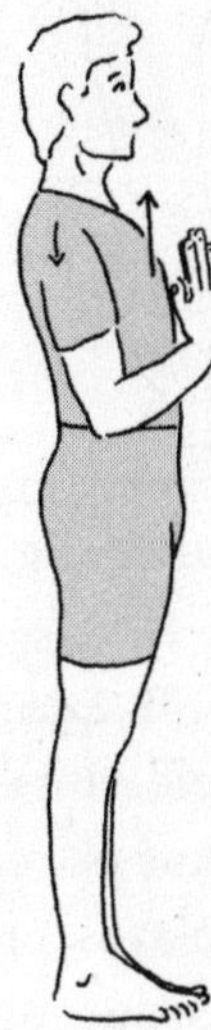

12. La montaña ***(tadasana)*****:** espire; regrese a la postura de pie y junte las palmas de las manos. Respire unas cuantas veces, inspirando luz y energía, y espirando tensión y fatiga.

Repita los pasos 2 a 12 con la otra pierna, echando hacia atrás la pierna izquierda en el paso 4, y luego hacia delante en el paso 9, para completar el ciclo.

EL SALUDO AL SOL B *(SURYA NAMASKAR, VARIACIÓN)*: NIVEL PRINCIPIANTE-INTERMEDIO

Esta variación es para el principiante más avanzado y para el practicante de nivel intermedio.

1. La montaña ***(tadasana)*****:** Permanezca de pie, con los pies juntos, las piernas estiradas, las rótulas apretadas y estiradas hacia arriba, el peso distribuido de manera regular y las manos en la postura de oración frente al cen-

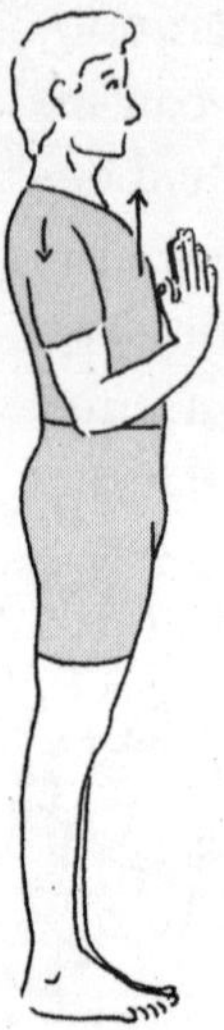

tro del corazón. Bascule la pelvis por debajo, metiendo el abdomen y con los hombros relajados y caídos, alejados de las orejas. Levante el esternón hacia el techo.

2. Flexión lateral *(nitambasana)*: inspire, levantando los brazos por detrás de las orejas, con las palmas de las manos mirándose entre sí. Trate de elevar los brazos hacia arriba y hacia fuera de la caja torácica. Espire, estire hacia la derecha. Meta el abdomen. Regrese al centro. Repita a la izquierda.

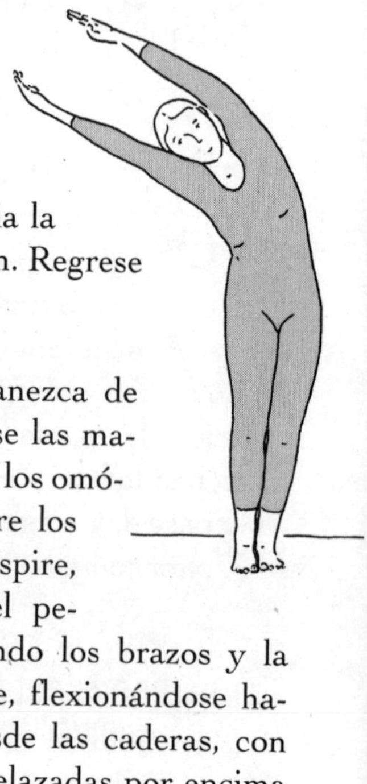

3. Expandir el pecho, variación: permanezca de pie con los pies juntos, agarrándose las manos por la espalda, y comprimiendo los omóplatos entre sí con suavidad. Estire los codos, apriete nalgas y rodillas. Inspire, expandiendo el pecho y levantando los brazos y la barbilla. Espire, flexionándose hacia delante desde las caderas, con las manos entrelazadas por encima de la cabeza. Mantenga las piernas todo lo derechas que pueda. Acerque el rostro hacia los muslos. Empuje un poco los brazos hacia la derecha y luego hacia la izquierda. Suelte las manos.

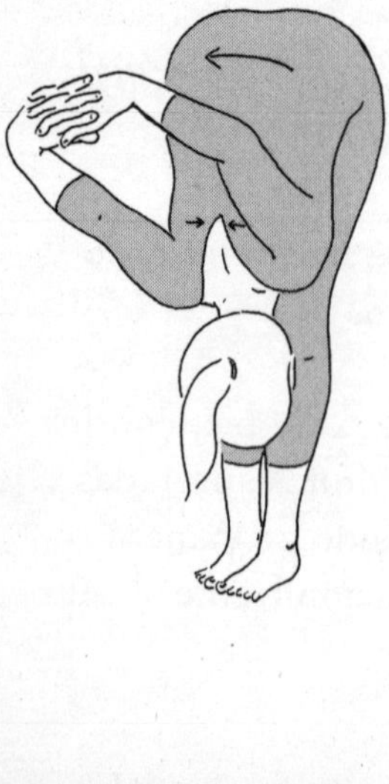

4. Zancada y torsión a la derecha *(anjaneyasana, variación)*: inspire, flexionando ambas rodillas, y descanse las palmas de las manos en la estera junto a los pies. Dé una zancada hacia atrás con el pie derecho, reposando la rodilla derecha en el suelo. Espire; enderece el torso, estirando los brazos a los lados, formando una T. Inspire y gire los hombros hacia la derecha, mirando por encima del hombro derecho. Expire, retornando a su postura original. Inspire, colocando de nuevo las palmas de las manos a cada lado del pie izquierdo.

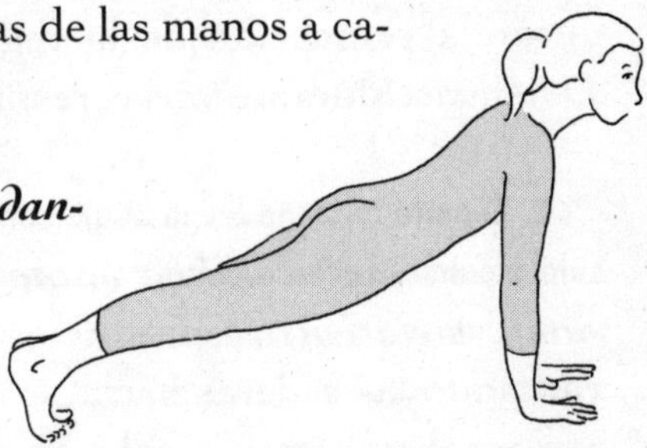

5. La tabla *(chaturanga dandasana)*: espire, echando hacia atrás la pierna izquierda para unirse a la derecha, y estire los brazos, como si fuese a iniciar unas flexiones. Mantenga el cuerpo derecho, con las piernas y los brazos estirados y la cabeza en línea con la columna vertebral. Meta el abdomen. Mantenga durante varias respiraciones.

6. La tabla baja *(chaturanga dandasana)*: espire, flexionando los codos y bajando todo el cuerpo a unos centí-

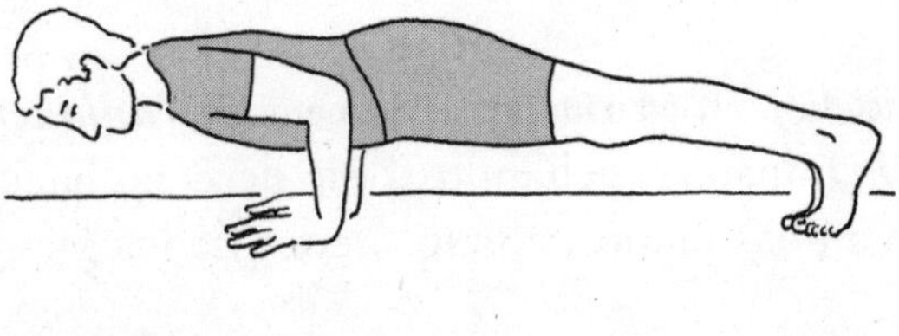

metros del suelo. Meta los codos hacia atrás, cerca de los costados. Mantenga durante 1 respiración, luego baje hasta el suelo.

7. La cobra *(bhujangasana)*: inspire, levantando la frente, la barbilla y el pecho mientras arquea la columna vertebral. Las caderas reposan sobre el suelo. Los codos deben estar ligeramente flexionados y cerca del cuerpo. Los hombros empujados hacia abajo y alejados de las orejas. Bascule la pelvis para asegurar la protección de la región lumbar. Deténgase durante varias respiraciones.

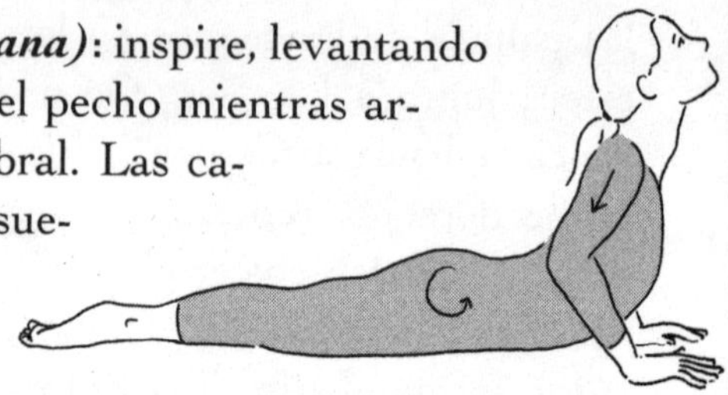

8. El perro mirando hacia abajo con una sola pierna *(adho mukha svanasana, variación)*: espire, levantando las caderas hacia arriba y hacia atrás, y colocando el cuerpo es una posición de V invertida. Mantenga los brazos y piernas derechos y empuje con los talones en el suelo. Inspire, estire la pierna izquierda hacia el techo en línea con los brazos y la columna, y empuje con el talón derecho hacia el suelo. Espire, devolviendo la pierna izquierda hacia el suelo. Repita con la pierna derecha.

9. Zancada y torsión a la izquierda en oración *(anjaneyasana, variación)*: inspire, echando el pie derecho hacia delante entre ambas manos, con los dedos de los pies y de las manos alineados. Espire, levantando la barbilla, y mire hacia arriba. Las palmas de las manos reposan planas sobre la estera, con la rodilla izquierda descansando en el suelo. Inspire; enderece el torso hacia arriba, con las manos en la postura de oración. Espire y gire los hombros hacia la derecha, descansando la parte superior del brazo izquierdo en la rodilla derecha. Inspire; mire por encima del hombro derecho. Espire; regrese a la postura original. Inspire, volviendo a descansar las palmas de las manos sobre la estera a cada lado del pie derecho.

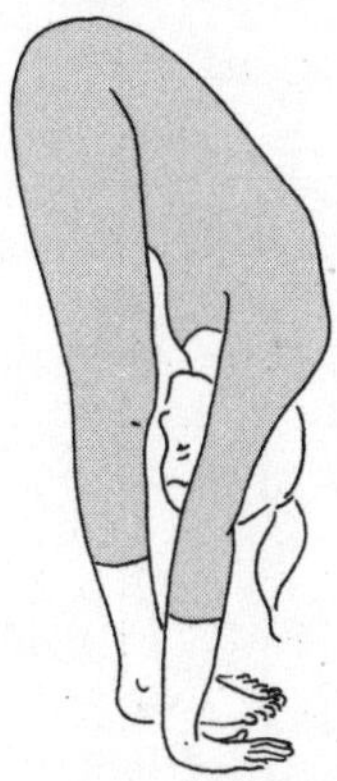

10. Flexión hacia delante ***(uttanasana)***: espire, empujando con los dedos del pie izquierdo para adelantar dicho pie y unirlo al derecho. La parte superior del cuerpo se pliega hacia delante desde las caderas, con las rodillas ligeramente flexionadas, y las manos a ambos lados de los pies.

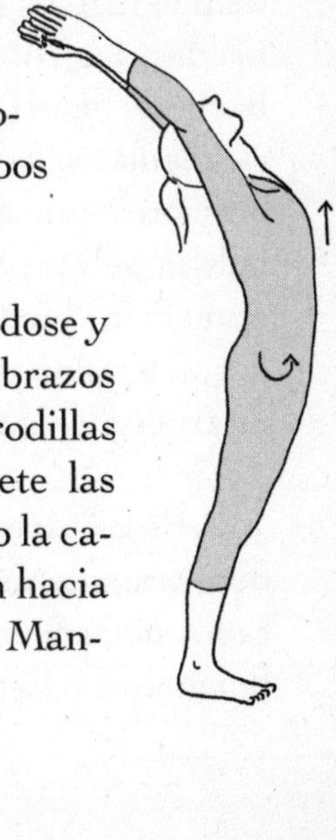

11. Flexión hacia atrás: inspire, incorporándose y manteniendo la espalda recta, con los brazos estirados por encima de la cabeza y las rodillas ligeramente flexionadas. Espire y apriete las nalgas con firmeza. Inspire, manteniendo la cabeza entre los brazos; levante el esternón hacia el techo y arquee la espalda hacia atrás. Mantenga la posición durante 3 segundos.

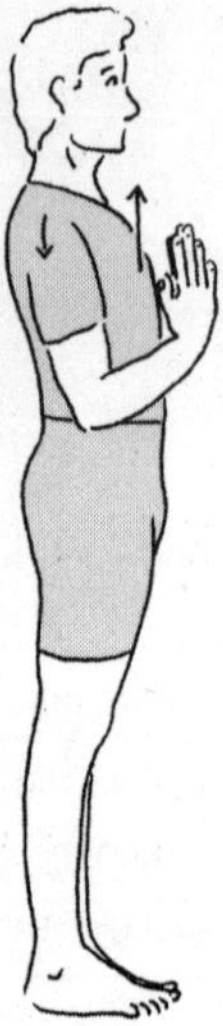

12. La montaña *(tadasana)*: espire; regrese a la postura de pie y junte las palmas de las manos frente al centro del corazón. Respire unas cuantas veces, inspirando luz y energía, y espirando tensión y fatiga.

Repita los pasos 2 a 12 con la otra pierna, echando hacia atrás la pierna izquierda en el paso 4, y luego hacia delante en el paso 9, para completar el ciclo.

EL SALUDO AL SOL C *(SURYA NAMASKAR, VARIACIÓN)*: NIVEL INTERMEDIO

Esta variación es para el practicante de nivel intermedio.

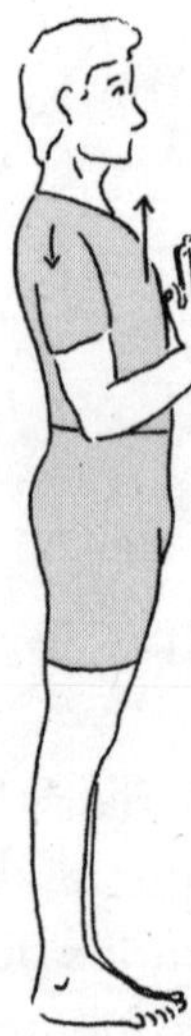

1. La montaña *(tadasana)*: permanezca de pie, con los pies juntos, las piernas estiradas, las rótulas apretadas y estiradas hacia arriba, el peso distribuido de manera regular y las manos en la postura de oración frente al centro del corazón. Bascule la pelvis por debajo, metiendo el abdomen; los hombros están relajados y caídos, alejados de las orejas. Levante el esternón hacia el techo.

2. Flexión hacia atrás: inspire, incorporándose y manteniendo la espalda recta, con los brazos estirados por encima de la cabeza y las rodillas ligeramente flexionadas. Espire y apriete las nalgas con firmeza. Inspire, manteniendo la cabeza entre los brazos; levante el esternón hacia el techo y arquee la espalda hacia atrás. Mantenga durante 3 segundos.

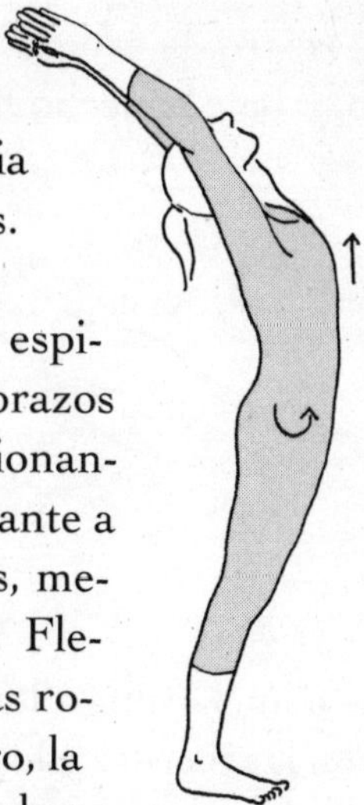

3. Flexión hacia delante *(uttanasana)*: espire, extendiendo los brazos hacia delante y flexionando el torso hacia delante a partir de las caderas, metiendo el abdomen. Flexione ligeramente las rodillas. Relaje el rostro, la cabeza, el cuello y los hombros hacia el suelo, y baje el pecho hasta tocar los muslos. Ponga las manos en el suelo, con los dedos de éstas en línea con los de los pies.

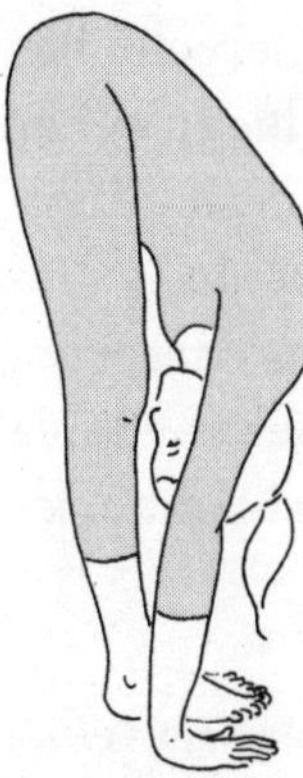

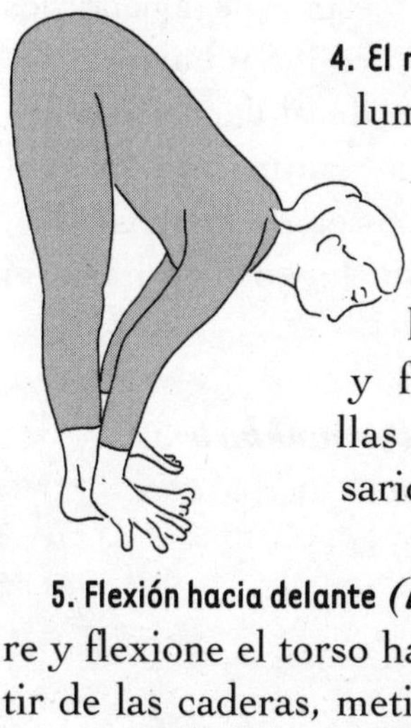

4. El mono: inspire, extendiendo la columna vertebral desde las caderas, y levantando la cabeza y el pecho, alejándolos de los muslos. Eche los hombros hacia atrás y flexione las rodillas si le resulta necesario.

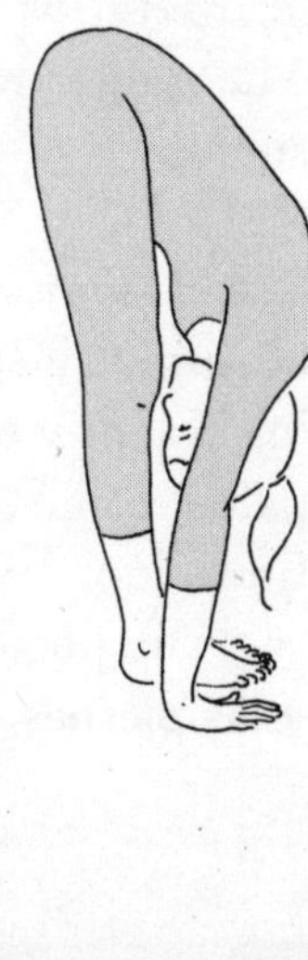

5. Flexión hacia delante *(uttanasana)*: espire y flexione el torso hacia delante a partir de las caderas, metiendo el abdomen. Flexione ligeramente las rodillas. Relaje el rostro, la cabeza, el cuello y los hombros hacia el suelo, y baje el pecho hasta tocar los muslos.

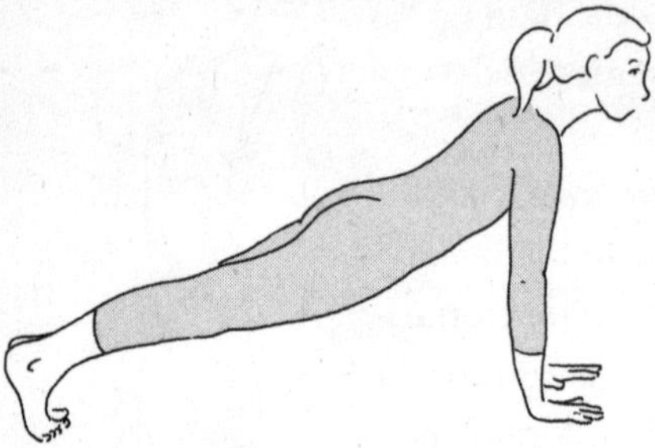

6. La tabla ***(chaturanga dandasana)***: espire. Plante las palmas de las manos firmemente en la estera, y eche la pierna derecha hacia atrás, para luego echar también la izquierda. Estire los brazos, como si fuese a iniciar unas flexiones. Mantenga el cuerpo derecho, con las piernas y los brazos estirados y la cabeza en línea con la columna vertebral. Meta el estómago. Mantenga durante varias respiraciones.

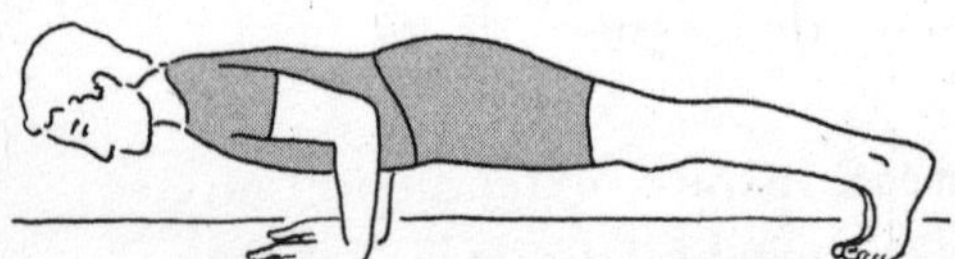

7. La tabla baja ***(chaturanga dandasana)***: espire, flexionando los codos y bajando todo el cuerpo a unos centímetros del suelo. Meta los codos hacia atrás, cerca de los costados. Mantenga durante 1 respiración, luego baje hasta el suelo.

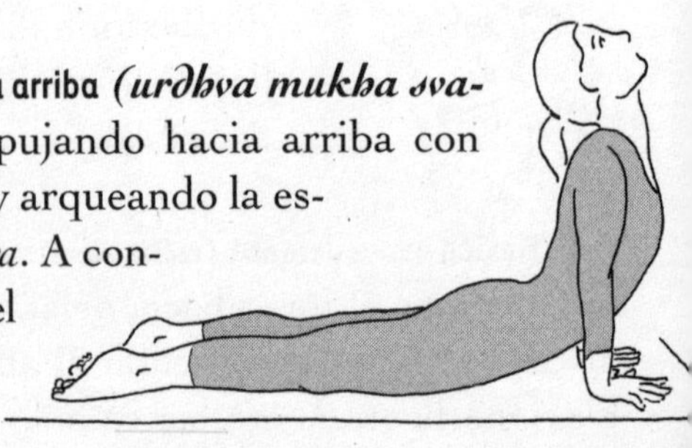

8. El perro mirando hacia arriba ***(urdhva mukha svanasana)***: inspire, empujando hacia arriba con los brazos y el pecho y arqueando la espalda, como en *La cobra*. A continuación levante del suelo un poco la pelvis y las piernas, descansando todo el peso corporal en las manos y los empeines de los pies. Lleve el torso hacia delante entre los brazos estirados y abra el pecho. Deje caer los omóplatos y mantenga firmes las nalgas para proteger la región lumbar y sacra. El abdomen está levantado.

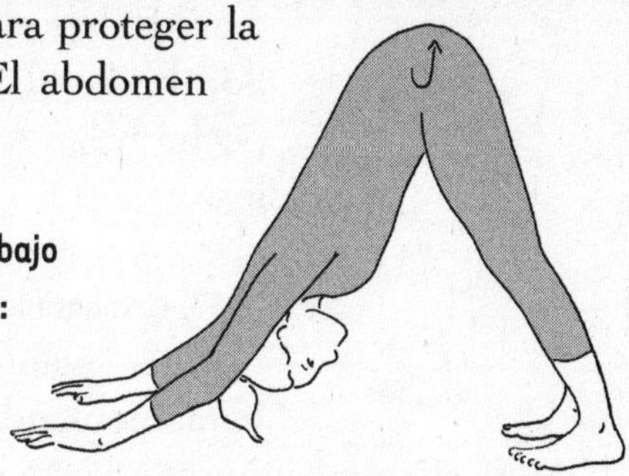

9. El perro mirando hacia abajo ***(adho mukha svanasana)*****:** espire, levantando las caderas hacia arriba y atrás a la vez que convierte su cuerpo en una V invertida. Mantenga estirados brazos y piernas y empuje los talones hacia el suelo. Los hombros, empujados hacia abajo, alejados de las orejas.

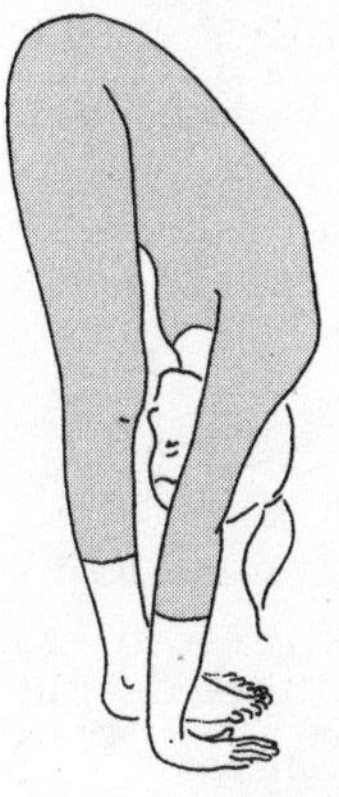

10. Flexión hacia delante ***(uttanasana)*****:** inspire, eche el pie derecho hacia delante, entre las manos, y luego el izquierdo. Espire, estirando las piernas y flexionando la parte superior del cuerpo hacia delante a partir de las caderas.

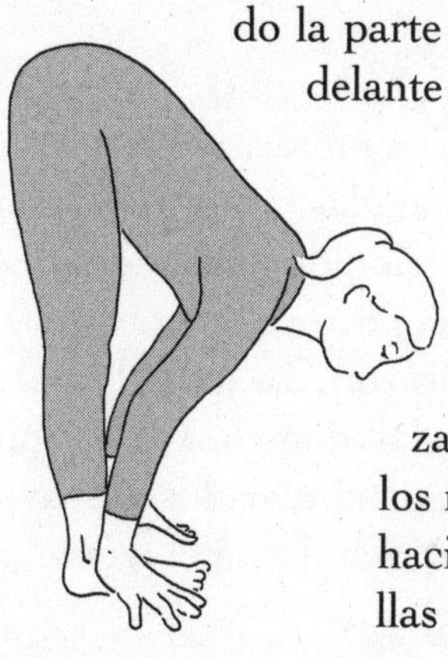

11. El mono: inspire, extendiendo la columna vertebral desde las caderas y levantando la cabeza y el pecho, alejándolos de los muslos. Eche los hombros hacia atrás y flexione las rodillas si le resulta necesario.

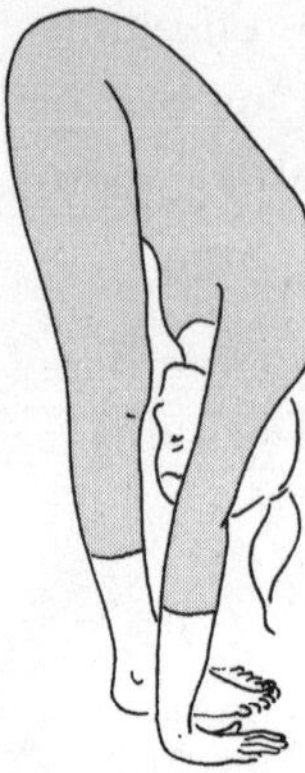

12. Flexión hacia delante *(uttanasana)*: espire y flexione el torso hacia delante a partir de las caderas, metiendo el abdomen. Relaje el rostro, la cabeza, el cuello y los hombros hacia el suelo, y baje el pecho hasta tocar los muslos.

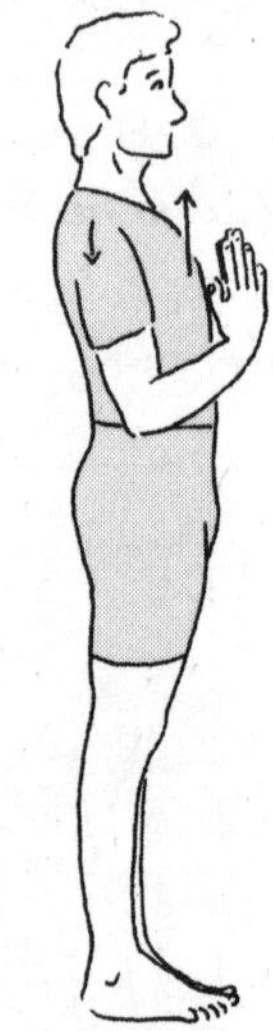

13. La montaña *(tadasana)*: inspire, levantando el torso y manteniendo la espalda recta. Espire, juntando las manos frente al centro del corazón. Respire unas cuantas veces, inspirando luz y energía, y espirando tensión y fatiga.

EL SALUDO AL SOL D *(SURYA NAMASKAR, VARIACIÓN)*: NIVEL INTERMEDIO-AVANZADO

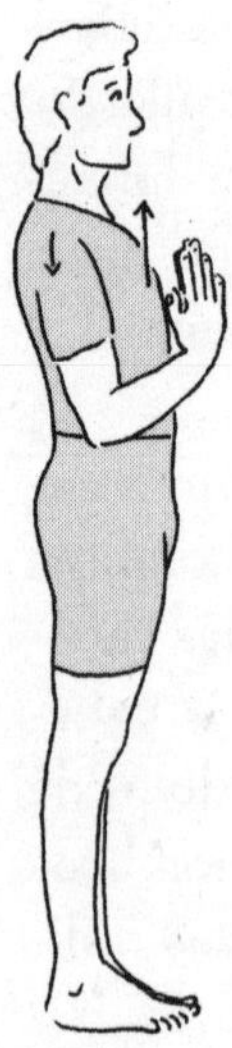

Esta variación incluye las posturas de pie de *El guerrero II*, *La silla* y *El triángulo.*

1. La montaña *(tadasana)*: permanezca de pie, con los pies juntos, las piernas rectas, las rótulas apretadas y estiradas hacia arriba, el peso distribuido de manera regular, y las manos en la postura de oración frente al centro del corazón. Bascule la pelvis por debajo, meta el abdomen, con los hombros relajados y caídos, alejados de las orejas. Levante el esternón hacia el techo.

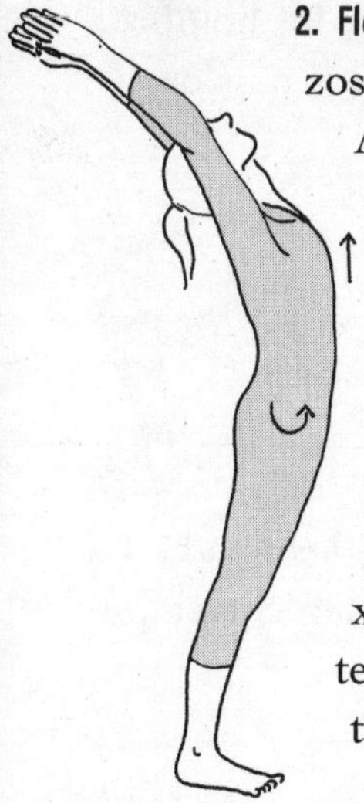

2. Flexión hacia atrás: inspire, levantando los brazos en forma de V por encima de la cabeza. Apriete las nalgas con firmeza a fin de protegerse la región lumbar, eleve el pecho hacia el techo y arquee la espalda hacia atrás. Mantenga durante 3 segundos.

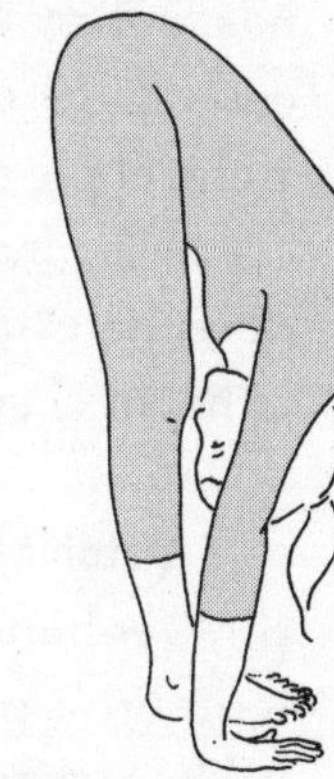

3. Flexión hacia delante ***(uttanasana)***: espire, extendiendo los brazos hacia delante y flexionando el torso hacia el frente a partir de las caderas, metiendo el abdomen. Flexione ligeramente las rodillas. Relaje el rostro, la cabeza, el cuello y los hombros hacia el suelo, y baje el pecho hasta tocar los muslos. Ponga las manos en el suelo, con los dedos de éstas en línea con los de los pies.

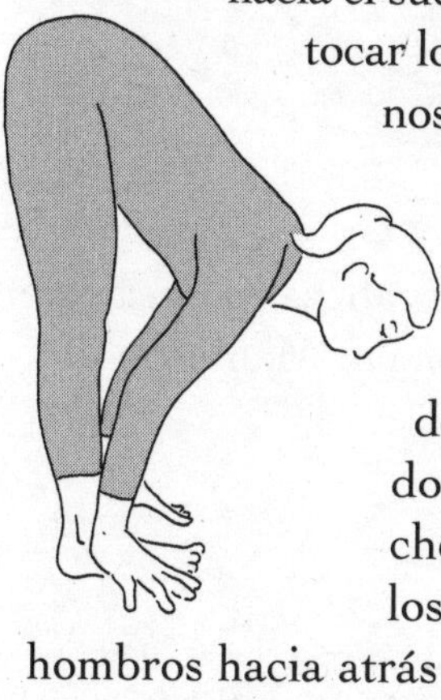

4. El mono: inspire, extendiendo la columna vertebral desde las caderas, y levantando la cabeza y el pecho, alejándolos de los muslos. Eche los hombros hacia atrás y flexione las rodillas si le resulta necesario.

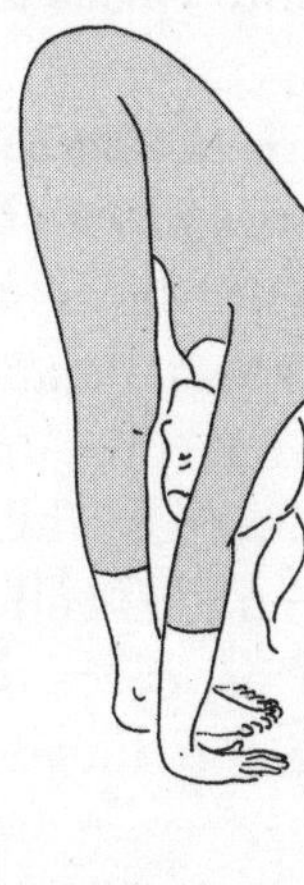

5. Flexión hacia delante ***(uttanasana)***: espire y flexione el torso hacia el frente a partir de las caderas, metiendo el abdomen. Flexione ligeramente las rodillas. Relaje el rostro, la cabeza, el cuello y los hombros hacia el suelo, y baje el pecho hasta tocar los muslos.

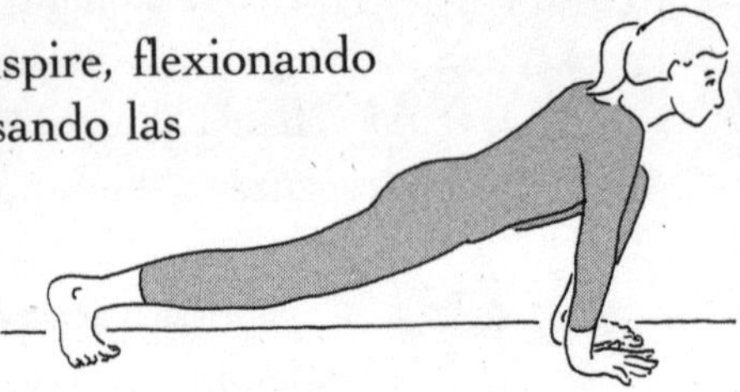

6. El corredor levantado: inspire, flexionando ambas rodillas y descansando las palmas de las manos planas sobre la estera a cada lado de los pies. Eche el pie derecho hacia atrás, manteniendo la pierna izquierda flexionada. La derecha está recta, y la zona tenar del pie derecho empuja hacia el suelo.

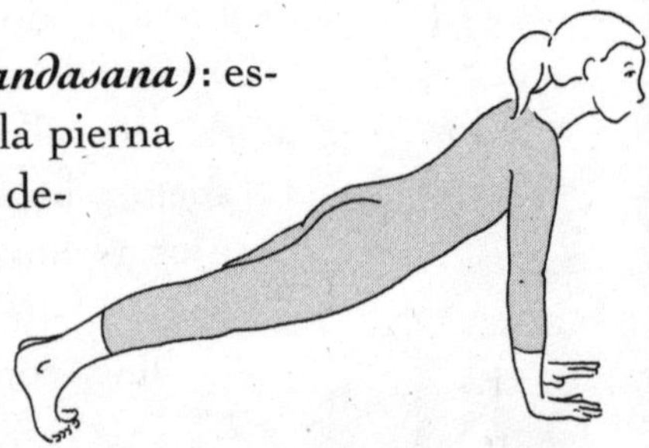

7. La tabla *(chaturanga dandasana)*: espire, echando hacia atrás la pierna izquierda para unirse a la derecha y estire los brazos, como si fuese a iniciar unas flexiones. Mantenga el cuerpo derecho, con las piernas y los brazos estirados y la cabeza en línea con la columna vertebral. Meta el abdomen. Mantenga durante varias respiraciones.

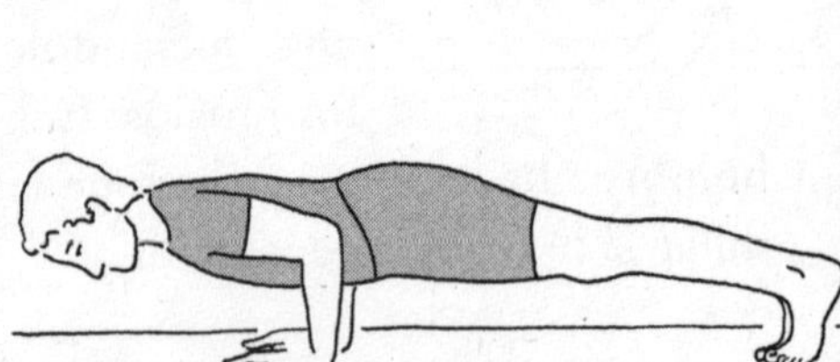

8. La tabla baja *(chaturanga dandasana)*: espire, flexionando los codos y bajando todo el cuerpo a unos centímetros del suelo. Meta los codos hacia atrás, cerca de los costados. Mantenga durante 1 respiración, luego baje hasta el suelo.

9. El perro mirando hacia arriba ***(urdhva mukha svanasana)***: inspire, empujando hacia arriba con los brazos y el pecho, y arqueando la espalda, como en *La cobra*. A continuación levante del suelo un poco la pelvis y las piernas, descansando todo el peso corporal en las manos y los empeines de los pies. Lleve el torso hacia delante entre los brazos estirados y abra el pecho. Deje caer los omóplatos y mantenga firmes las nalgas para proteger la región lumbar y sacra. El abdomen está levantado.

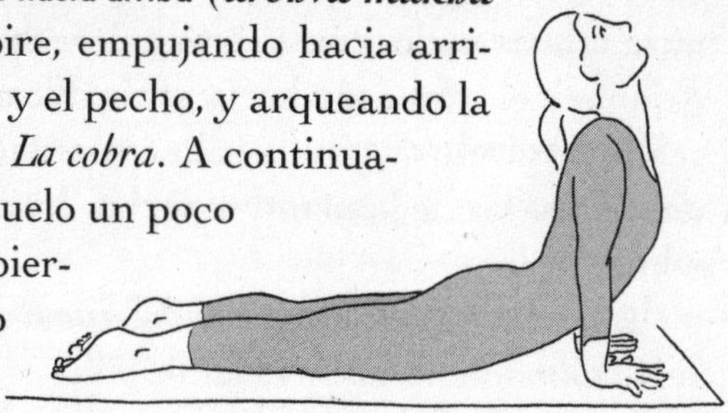

10. El perro mirando hacia abajo ***(adho mukha svanasana)***: espire, levantando las caderas hacia arriba y atrás a la vez que convierte su cuerpo en una V invertida. Mantenga estirados brazos y piernas, y empuje los talones hacia el suelo. Los hombros, empujados hacia abajo, alejados de las orejas.

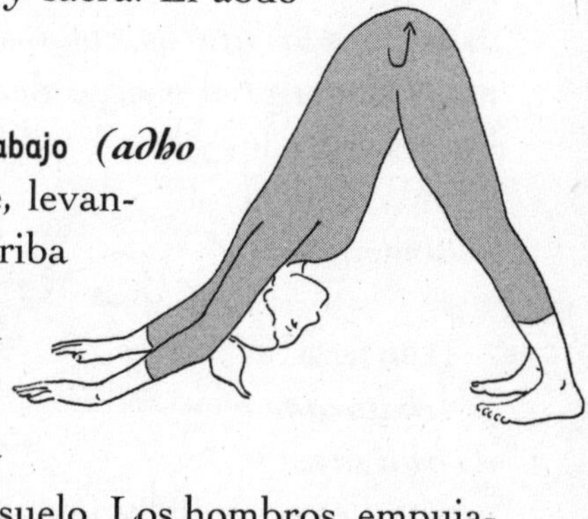

11. El guerrero II ***(virabhadrasana II)***: espire, echando el pie derecho hacia delante entre las manos mientras gira el pie izquierdo hacia el lado, descansando plano. Inspire, elevando el torso y los brazos a los lados. Gire las caderas

y los brazos a la izquierda, de manera que las caderas miren de costado, con el brazo derecho señalando hacia delante y el izquierdo hacia atrás. Flexione la rodilla derecha 90 grados y gire la cabeza para mirar hacia los dedos estirados de la mano derecha. Inspire.

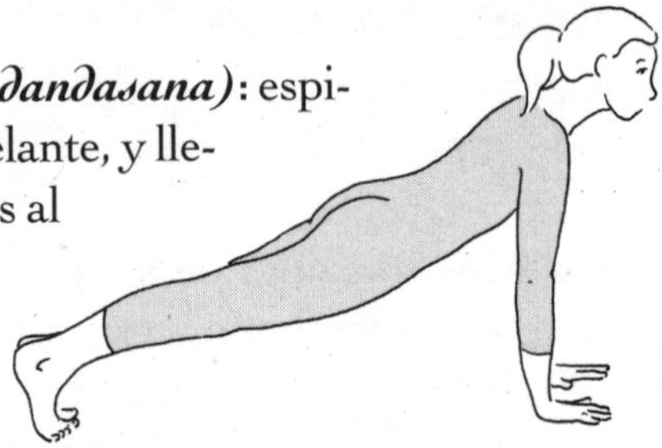

12. La tabla *(chaturanga dandasana)*: espire, flexionándose hacia delante, y lleve las palmas de las manos al suelo, a cada lado del pie derecho. Eche hacia atrás la pierna derecha para unirse a la izquierda y estire los brazos, como si fuese a iniciar unas flexiones. Mantenga el cuerpo derecho, con las piernas y los brazos estirados y la cabeza en línea con la columna vertebral. Meta el abdomen.

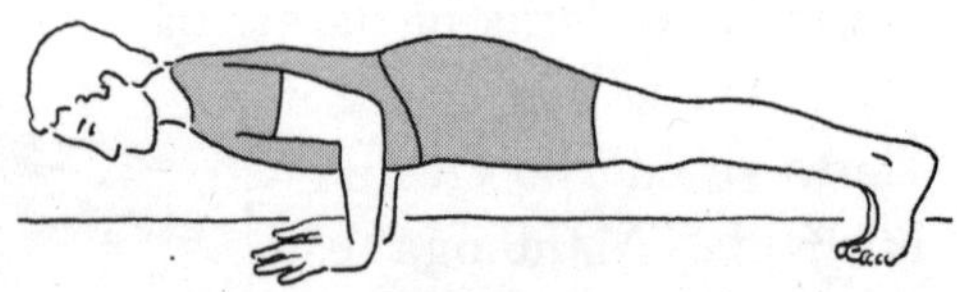

13. La tabla baja *(chaturanga dandasana)*: espire, flexionando los codos y bajando todo el cuerpo a unos centímetros del suelo. Meta los codos hacia atrás, cerca de los costados. Mantenga durante 1 respiración, luego baje hasta el suelo.

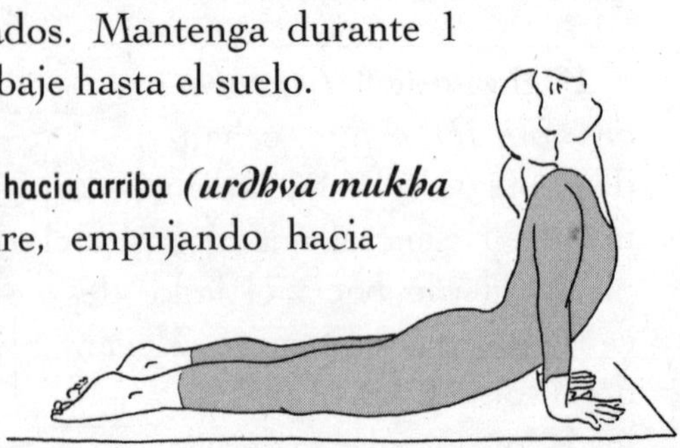

14. El perro mirando hacia arriba *(urdhva mukha svanasana)*: inspire, empujando hacia arriba con los brazos y el pecho, y arqueando la espalda, como en *La cobra*. A continuación levante del suelo un poco la pelvis y las piernas, descansando todo el peso corporal en las manos y los empeines de los pies. Lleve el torso hacia delante entre los brazos estirados y abra el pecho. Deje caer los omóplatos y mantenga firmes las nalgas para proteger la región lumbar y sacra. El abdomen está levantado.

15. El perro mirando hacia abajo ***(adho mukha svanasana)***: espire, levantando las caderas hacia arriba y atrás a la vez que convierte su cuerpo en una V invertida. Mantenga estirados brazos y piernas y empuje los talones hacia el suelo. Los hombros, empujados hacia abajo, alejados de las orejas.

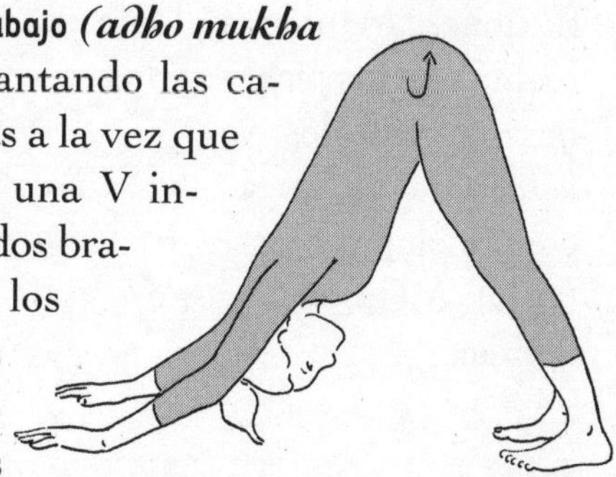

16. El guerrero II ***(virabhadrasana II)***: espire, echando el pie izquierdo hacia delante entre las manos mientras gira el pie derecho hacia el lado, descansando plano. Inspire, elevando el torso y los brazos a los lados. Gire las caderas y los brazos a la derecha, de manera que las caderas miren de costado, con el brazo izquierdo señalando hacia delante y el derecho hacia atrás. Flexione la rodilla izquierda 90 grados y gire la cabeza

para mirar hacia los dedos estirados de la mano izquierda. Inspire.

17. La tabla *(chaturanga dandasana)*: espire, flexionándose hacia delante, y lleve las palmas de las manos al suelo, a cada lado del pie derecho. Eche hacia atrás la pierna derecha para unirse a la izquierda y estire los brazos, como si fuese a iniciar unas flexiones. Mantenga el cuerpo derecho, con las piernas y los brazos estirados y la cabeza en línea con la columna vertebral. Meta el abdomen.

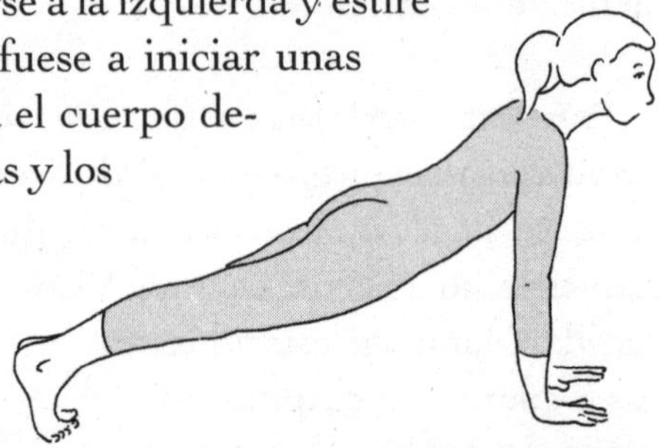

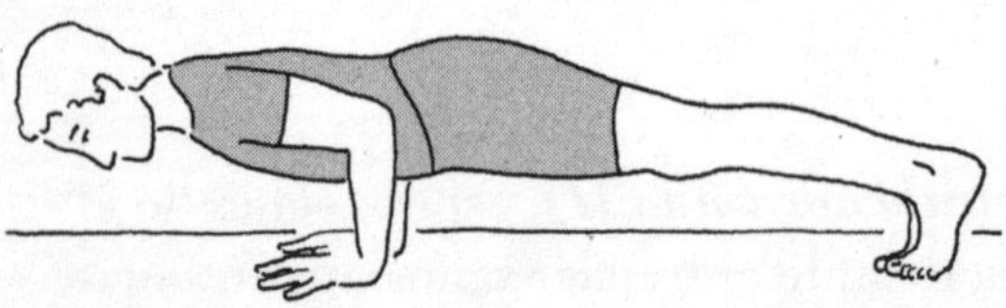

18. La tabla baja *(chaturanga dandasana)*: espire, flexionando los codos y bajando todo el cuerpo a unos centímetros del suelo. Meta los codos hacia atrás, cerca de los costados. Mantenga durante 1 respiración, luego baje hasta el suelo.

19. El perro mirando hacia arriba *(urdhva mukha svanasana)*: inspire, empujando hacia arriba con los brazos y el pecho, y arqueando la espalda, como en *La cobra*. A continuación levante del suelo

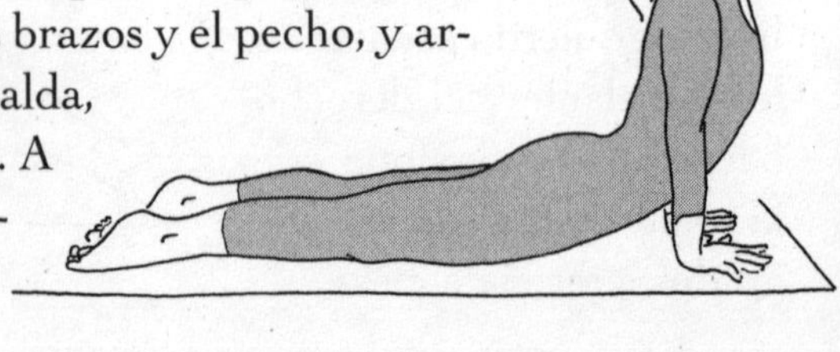

un poco la pelvis y las piernas, descansando todo el peso corporal en las manos y los empeines de los pies. Lleve el torso hacia delante entre los brazos estirados y abra el pecho. Deje caer los omóplatos y mantenga firmes las nalgas para proteger la región lumbar y sacra. El abdomen está levantado.

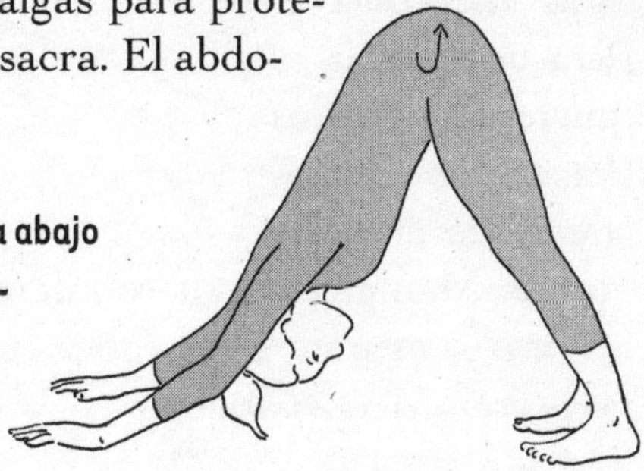

20. El perro mirando hacia abajo *(adho mukha svanasana)*: espire, levantando las caderas hacia arriba y atrás a la vez que convierte su cuerpo en una V invertida. Mantenga estirados brazos y piernas y empuje los talones hacia el suelo. Los hombros, empujados hacia abajo, alejados de las orejas.

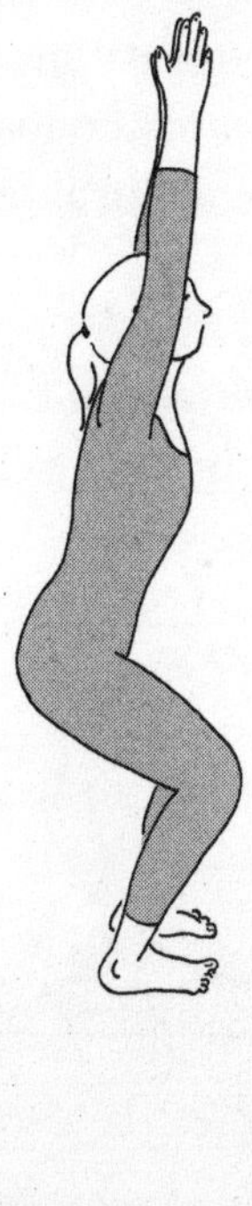

21. La silla *(utkatasana)*: espire, echando -de un paso o un salto- los pies hacia delante, entre las manos. Inspire al incorporarse, con los brazos levantados hacia el techo. Espire al flexionar las rodillas y acuclillarse. Junte las palmas de las manos por encima de la cabeza, con los brazos en línea con el torso. Meta el abdomen. Inspire.

22. La tabla ***(chaturanga dandasana)***: espire, flexionándose hacia delante, y lleve las palmas de las manos al suelo, a cada lado del pie derecho. Eche atrás la pierna derecha para unirla a la izquierda y estire los brazos, como si fuese a iniciar unas flexiones. Mantenga el cuerpo derecho, con las piernas y los brazos estirados y la cabeza en línea con la columna vertebral. Meta el abdomen.

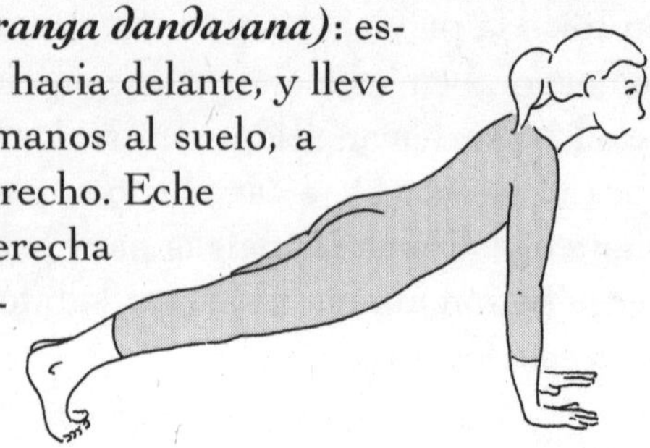

23. La tabla baja ***(chaturanga dandasana)***: espire, flexionando los codos y bajando todo el cuerpo a unos centímetros del suelo. Meta los codos hacia atrás, cerca de los costados. Mantenga durante 1 respiración, luego baje hasta el suelo.

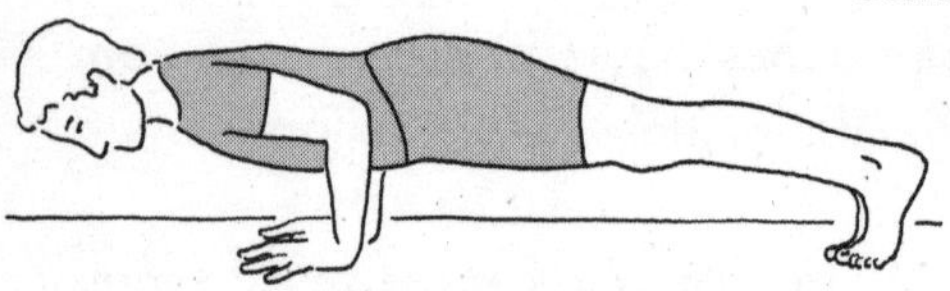

24. El perro mirando hacia arriba ***(urdhva mukha svanasana)***: inspire, empujando hacia arriba con los brazos y el pecho, y arqueando la espalda, como en *La cobra*. A continuación levante del suelo un poco la pelvis y las piernas, descansando todo el peso corporal en las manos y los empeines de los pies. Lleve el torso hacia delante entre los brazos estirados y

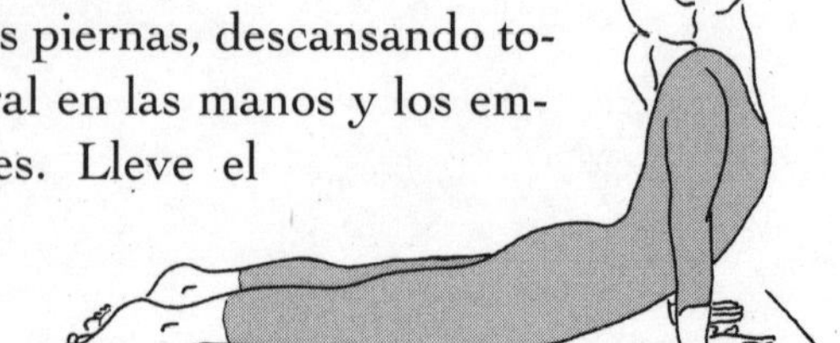

abra el pecho. Deje caer los omóplatos y mantenga firmes las nalgas para proteger la región lumbar y sacra. El abdomen está levantado.

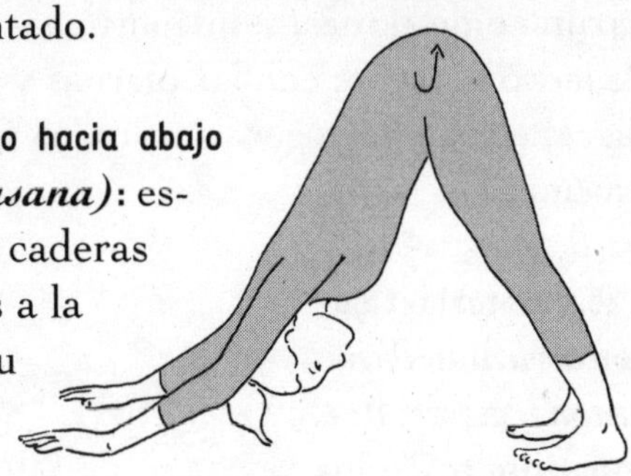

25. El perro mirando hacia abajo ***(adho mukha svanasana)***: espire, levantando las caderas hacia arriba y atrás a la vez que convierte su cuerpo en una V invertida. Mantenga estirados brazos y piernas y empuje los talones hacia el suelo. Los hombros, empujados hacia abajo, alejados de las orejas.

26. El triángulo ***(trikonasana)***: espire, echando el pie derecho hacia delante y girando el pie izquierdo hacia el lado, descansando plano en el suelo. Estire ambas piernas mientras deposita la mano derecha sobre la espinilla derecha y levanta el brazo izquierdo hacia el techo. Inspire, mirando hacia arriba, a la mano izquierda. Meta el abdomen.

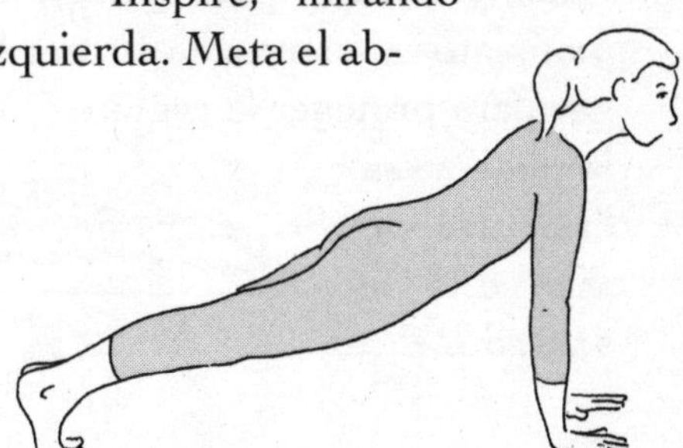

27. La tabla ***(chaturanga dandasana)***: espire, flexionándose hacia delante, y lleve las palmas de las manos al suelo, a cada lado del pie derecho. Eche hacia atrás la pierna derecha para unirse a la izquierda y estire los brazos, como si fuese a iniciar unas flexiones. Mantenga el cuerpo derecho, con las piernas y los brazos estirados y la cabeza en línea con la columna vertebral. Meta el abdomen.

28. La tabla baja ***(chaturanga dandasana)*****:** espire, flexionando los codos y bajando todo el cuerpo a unos centímetros del suelo. Meta los codos hacia atrás, cerca de los costados. Mantenga durante 1 respiración, luego baje hasta el suelo.

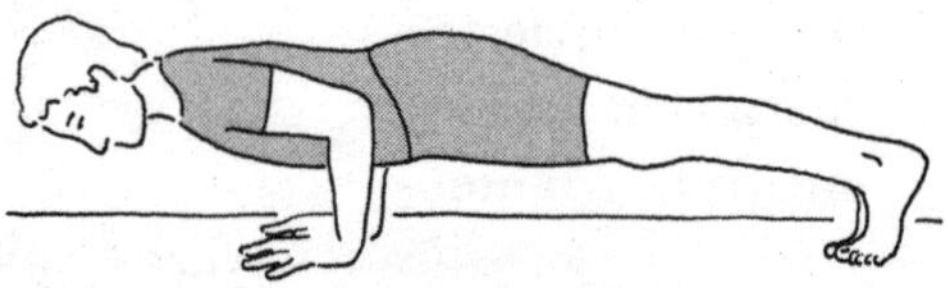

29. El perro mirando hacia arriba ***(urdhva mukha svanasana)*****:** inspire, empujando hacia arriba con los brazos y el pecho, y arqueando la espalda, como en *La cobra*. A continuación levante del suelo un poco la pelvis y las piernas, descansando todo el peso corporal en las manos y los empeines de los pies. Lleve el torso hacia delante entre los brazos estirados y abra el pecho. Deje caer los omóplatos y mantenga firmes las nalgas para proteger la región lumbar y sacra. El abdomen está levantado.

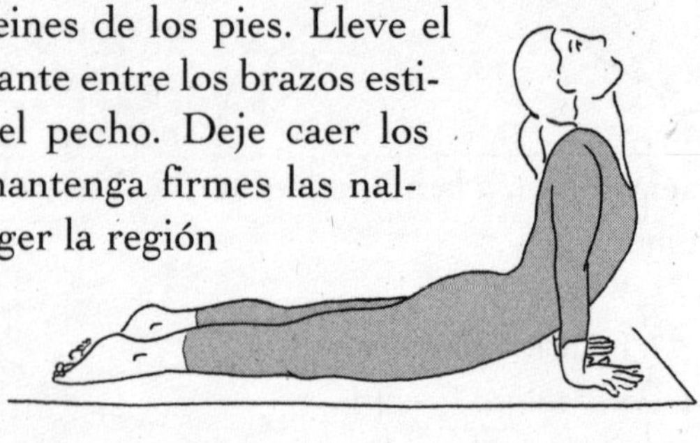

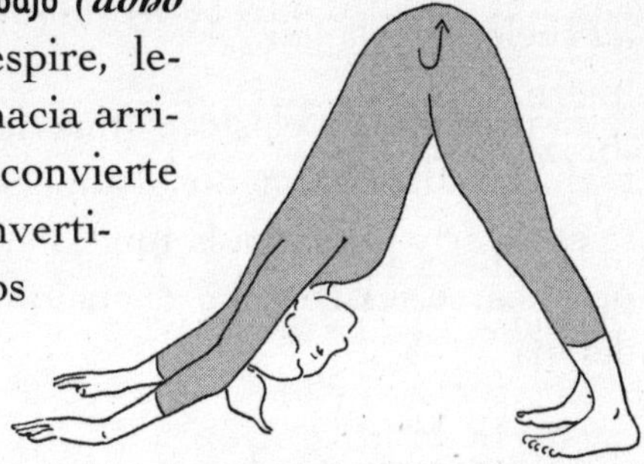

30. El perro mirando hacia abajo *(adho mukha svanasana)*: espire, levantando las caderas hacia arriba y atrás a la vez que convierte su cuerpo en una V invertida. Mantenga estirados brazos y piernas y empuje los talones hacia el suelo. Los hombros, empujados hacia abajo, alejados de las orejas.

31. El triángulo *(trikonasana)*: espire, echando el pie izquierdo hacia delante y girando el pie derecho hacia el lado, descansando plano en el suelo. Estire ambas piernas mientras deposita la mano izquierda sobre la espinilla izquierda, y levanta el brazo derecho hacia el techo. Inspire, mirando hacia arriba, a la mano derecha. Meta el abdomen.

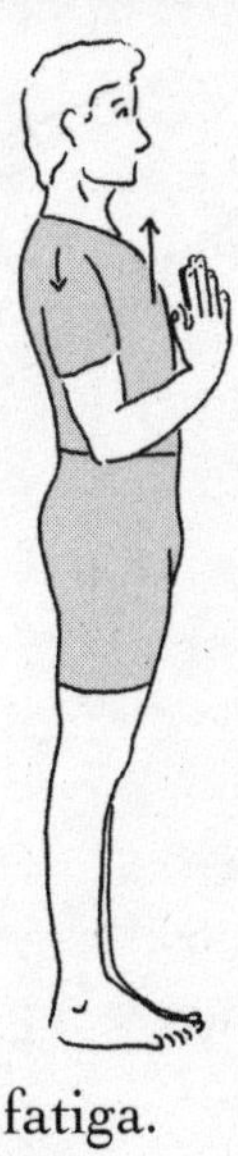

27. La montaña *(tadasana)*: espire, elevando el torso. Junte los pies. Junte las palmas de las manos frente al centro del corazón. Respire unas cuantas veces, inspirando luz y energía, y espirando tensión y fatiga.

EL SALUDO A LA LUNA *(CHANDRA NAMASKAR)*

Esta antigua y clásica rutina de yoga se realiza tradicionalmente al anochecer, para saludar y honrar a la luna. Pero puede practicarse, claro está, a cualquier hora del día.

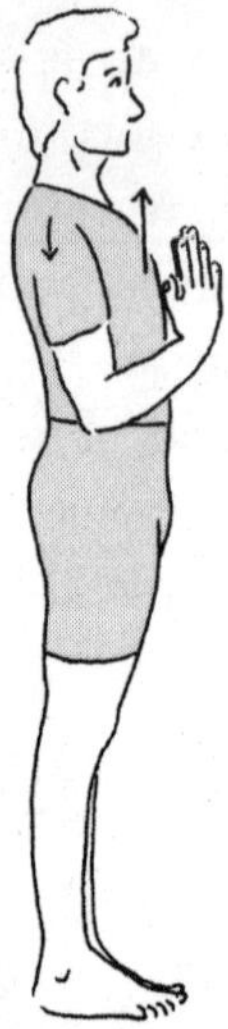

1. La montaña ***(tadasana)***: permanezca de pie, con los pies juntos, las piernas estiradas, las rótulas apretadas y estiradas hacia arriba, el peso distribuido de manera regular y las manos en la postura de oración frente al centro del corazón. Bascule la pelvis por debajo, meta el abdomen y con los hombros relajados y caídos, alejados de las orejas. Levante el esternón hacia el techo.

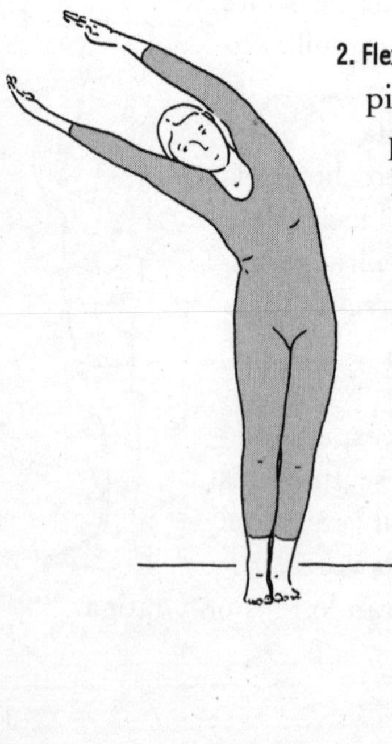

2. Flexión lateral ***(nitambasana)***: inspirar, levantando los brazos por detrás de las orejas, con las palmas de las manos encaradas. Trate de elevar los brazos hacia arriba y hacia fuera de la caja torácica. Espire, estire hacia la derecha. Meta el abdomen. Regrese al centro. Repita ahora a la izquierda.

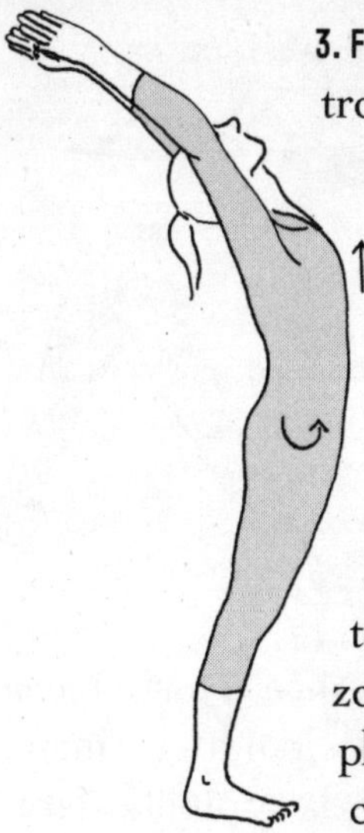

3. Flexión hacia atrás: inspire, regrese al centro. Apriete las nalgas con firmeza para proteger la región lumbar y sacra, eleve el esternón hacia el cielo y arquee la columna vertebral. Realice una pausa durante 3 segundos.

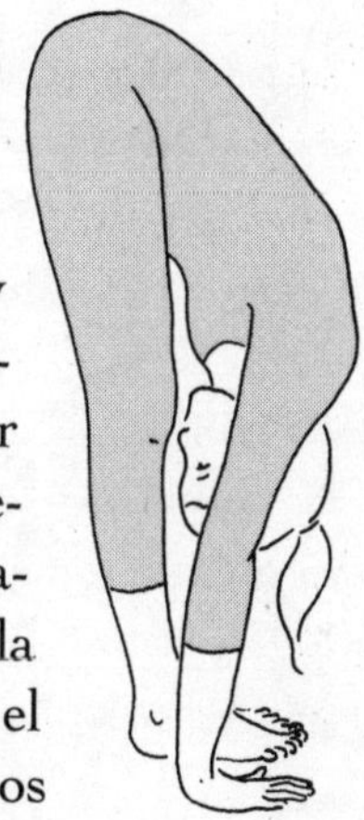

4. Flexión hacia delante *(uttanasana)*: espire, extendiendo los brazos hacia delante y plegando el torso hacia delante a partir de las caderas, metiendo el abdomen. Flexione ligeramente las rodillas. Relaje el rostro, la cabeza, el cuello y los hombros hacia el suelo, y baje el pecho hasta tocar los muslos. Ponga las manos en el suelo, con los dedos de éstas en línea con los de los pies.

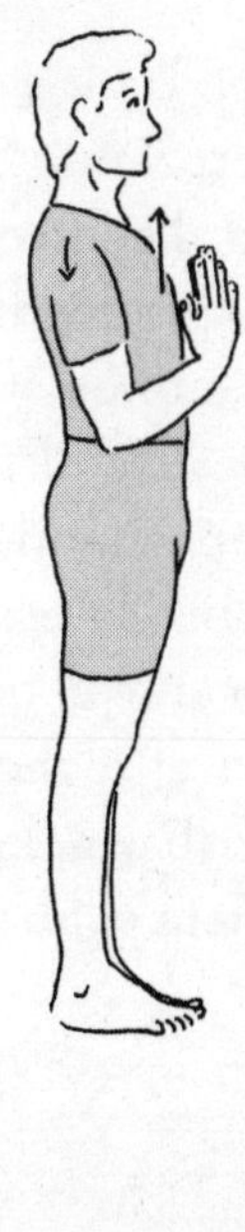

5. La montaña *(tadasana)*: inspire, con los brazos extendidos hacia los lados, levantando el torso hacia arriba y manteniendo la espalda derecha. Regrese al centro, juntando las manos en la postura de oración.

6. El triángulo *(trikonasana)*: espire, echando cada pierna a un lado, de manera que sus pies se hallen 1 m separados. Saque los brazos, levantándolos a los costados y conformando una forma de T. Gire el pie derecho 90 grados hacia la derecha, y el izquierdo unos 30 grados hacia la derecha. Deslice el torso hacia la derecha, depositando la mano derecha sobre la espinilla derecha, y levante el brazo izquierdo hacia el techo, mirando hacia arriba, a la mano izquierda. Meta el abdomen.

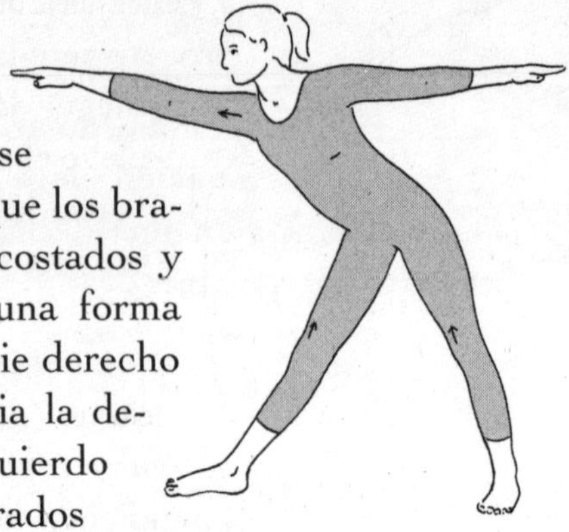

7. El triángulo *(trikonasana)*: inspire, enderezando el torso y devolviendo el cuerpo al centro. Espire; gire el pie izquierdo 90 grados hacia la izquierda, y el derecho unos 30 grados hacia la izquierda. Deslice el torso hacia la izquierda, depositando la mano izquierda sobre la espinilla izquierda, y levante el brazo derecho hacia el techo, mirando hacia arriba, a la mano derecha. Meta el abdomen.

8. Estiramiento lateral ***(parsvottanasana)***: inspire, enderece y devuelva el cuerpo al centro; a continuación eleve los brazos por encima de la cabeza. Gire el pie derecho 90 grados hacia la derecha, y el pie izquierdo ligeramente hacia la derecha, y gire también el cuerpo hacia la derecha, para mirar en la misma dirección. Apriete las rótulas. Espire y flexione el torso hacia delante, acercando la frente a la rodilla derecha y depositando las manos a cada lado de los pies.

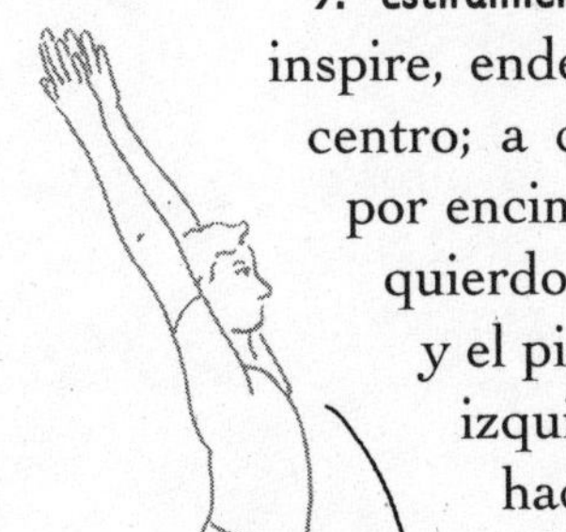

9. Estiramiento lateral ***(parsvottanasana)***: inspire, enderece y devuelva el cuerpo al centro; a continuación eleve los brazos por encima de la cabeza. Gire el pie izquierdo 90 grados hacia la izquierda, y el pie derecho ligeramente hacia la izquierda, y gire también el cuerpo hacia la izquierda, para mirar en la misma dirección. Apriete las rótulas. Espire y flexione el torso hacia delante, acercando la frente a la rodilla izquierda y depositando las manos a cada lado de los pies.

10. La montaña *(tadasana)*: inspire, lleve los brazos hacia arriba, por encima de la cabeza, enderécese y regrese al centro, juntando los pies. Junte también las palmas de las manos en la postura de oración.

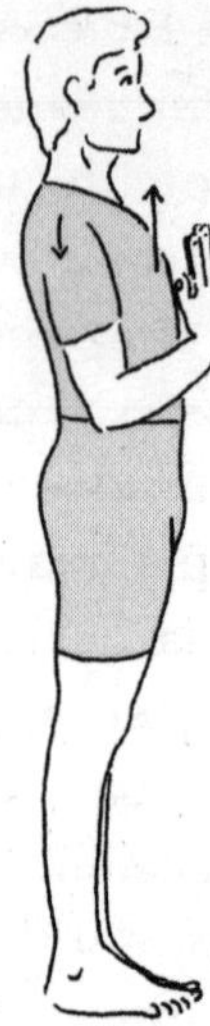

Si va a repetir *El saludo a la luna,* continúe directamente con el paso 2.

Capítulo 4

Yoga para los abdominales

Los abdominales de sus sueños

¿Está hasta la coronilla de tener que realizar un número absurdo de ejercicios abdominales para dar firmeza a esos músculos? No es el único. Una de las preguntas más frecuentes que me hacen es: «¿Cómo puedo deshacerme del exceso de peso alrededor del estómago?». La respuesta más sencilla es a través del yoga. Practicando yoga tendrá la oportunidad de crear ese estómago estilizado y sensual con el que siempre ha soñado.

El yoga para mejorar los abdominales puede practicarse fácilmente en casa, en unos pocos minutos al día. La serie de yoga para los abdominales le reforzará los músculos del estómago y le mantendrá ágil y flexible. Practicar yoga para mejorar los abdominales también le tranquilizará la mente, le apaciguará el alma y le proporcionará una nueva sensación de equilibrio.

Unos abdominales fuertes y flexibles no sólo contribuyen a una apariencia atractiva, sino que también llevan a cabo importantes funciones fisiológicas. Los abdominales son los estabilizadores principales del cuerpo en todos los movimientos. Se utilizan para algo más que para mantener los asanas del yoga. Sus abdominales son importantes para respirar, para el alineamiento pélvico, para flexionar y girar el torso, y para poder mantener una postura erecta, así como para sostener la columna vertebral y el aparato digestivo. Unos abdominales fuertes y estables mejorarán su postura y le ayudarán a realizar eficazmente todo tipo de tareas cotidianas, como recoger paquetes en el supermercado o sostener a sus hijos en brazos. No obstante, existe una diferencia entre un vientre flexible y tonificado y unos abdominales ondulados y cincelados.

Hollywood, la industria del glamour, y los medios de información han difundido imágenes de abdominales prietos y planos como el epítome de lo sexy y bello. Eso ha creado un falso concepto acerca del ideal físico. La obsesión social acerca de unos abdominales de piedra ha tenido consecuencias físicas y mentales. Realizar demasiados ejercicios abdominales y sobrecargar esos músculos puede provocar tirantez estomacal crónica, un torso con flexibilidad limitada y un desequilibrio muscular. Si los músculos abdominales se someten a un ejercicio inadecuado, se ponen rígidos, mientras que los extensores de la espalda (los músculos alargados que discurren paralelos a la columna vertebral y que la sostienen y sujetan) se van debilitando y estirando en exceso. Eso puede provocar posturas caídas y desplomadas, y una región lumbar débil y vulnerable.

Nuestra cultura espera que los vientres de las mujeres sean planos, rechazando insidiosamente la sensualidad de la mujer y su poder creador de vida. Exhorta a los hombres a demostrar vigor «masculino» a través de una postura militar (sacando pecho y metiendo estómago). Por el contrario, las prácticas orientales de yoga, artes marciales y danza del vientre desarrollan y energetizan el vientre, como fuente de fuerza espiritual, física y sensual. Estas prácticas nos enseñan a escuchar nuestra «voz interior». El yoga enfatiza los vientres flexibles. Practicar yoga le ayudará a desarrollar un equilibrio perfecto entre fuerza y tono abdominales. También le proporcionará un centro estable, de movimiento, ecuanimidad y poder espiritual.

Lo básico acerca del abdomen

Como lo que se le pide es que mueva y sostenga los músculos abdominales como una unidad, en lugar de aislarlos como se hace al practicar ejercicios abdominales, el yoga para los abdominales le proporcionará un aspecto estilizado. El yoga ejercitará todos sus músculos abdominales. Mantener las posturas refuerza los músculos isométricamente, tonificando el abdomen sin comprometer la flexibilidad. Aunque los ejercicios tradicionales también refuerzan los abdominales, requieren que uno se hunda en el centro. Por el contrario, las posturas de yoga alargan y estiran el torso, creando una sensación y una apariencia centrada y fuerte.

Los abdominales son cuatro grupos de músculos —transversos del abdomen, oblicuos externos, oblicuos internos y rectos del abdomen— que se estiran por encima de los órganos internos trabajando en grupo. El transverso del abdomen, el músculo abdominal más profundo, recorre el torso horizontalmente, envolviéndolo como un corsé, y trabaja con los otros músculos abdominales para sostener el bajo vientre. El pranayama, o respiración yóguica, es el ejercicio más eficaz para el transverso profundo. El recto del abdomen (la capa de músculo a lo largo de la parte delantera del torso y la más cercana a la superficie del cuerpo), los externos oblicuos (los que se hallan en los costados del cuerpo) y los internos oblicuos (detrás de los externos oblicuos) son los responsables de estabilizar el torso y mover la columna vertebral en todas las direcciones. El recto del abdomen flexiona el tronco y los oblicuos lo hacen girar.

Mantener posturas específicas de yoga reforzará y tonificará los músculos estomacales. Practicar yoga también creará un equilibrio dinámico entre los músculos abdominales y la región lumbar, añadiendo fuerza de una manera equilibrada. Eso reforzará y protegerá la región lumbar y sacra. Vale la pena tener músculos estomacales fuertes. También es igualmente importante flexibilizarlos mediante posturas, como *El puente* (p. 101) y *El arco* (p. 102), que son complementarias de las posturas abdominales.

Practicando las siguientes posturas abdominales al menos 3 veces a la semana, logrará una mejoría general en el aspecto externo de los abdominales. No obstante, no espere acabar con toda la grasa que le sobra sólo practicando estos asanas. No sería realista tratar de reducirla sólo en una u otra zona del cuerpo. Para perder el exceso de grasa y alcanzar y mantener el peso perfecto hay que combinar estos asanas con una dieta sana y con la serie Yoga de poder del Capítulo 3, tal y como aparece en Yoga de poder, nivel mantenimiento, y en el plan de los ejercicios abdominales que sigue (p. 90).

10 minutos de yoga para los abdominales

Si dispone de tiempo limitado utilice la serie de posturas abdominales por separado. Podrá obtener beneficios incluso si sólo dispone de 10 minutos para realizar esta práctica. Si dispone de más tiempo, combine esta serie de 10 minutos con cualquiera de las series de Yoga de poder que aparecen en el Capítulo 3. Vea, por ejemplo, la combinación de Yoga de poder, nivel mantenimiento, con la serie de abdominales que viene a continuación.

Tenga en cuenta que realizar esta rutina con comodidad pudiera costarle más de 4 semanas, dependiendo de su condición física. Si se siente cómodo y confiado realizando las posturas de la 1.ª y 2.ª semanas, continúe con la 3.ª y 4.ª. Si no, permanezca con la 1.ª y 2.ª hasta que se sienta lo suficientemente fuerte para continuar.

1.ª y 2.ª semanas

Programación de la serie: practique durante 10 minutos, 3 veces a la semana.

Yoga para los abdominales: en cada serie, ejecute al menos 2 de las 6 primeras posturas y acabe con *El puente* y *Respiración completa*.

Elija dos:

Media barca
Torsión abdominal modificada
Torsión abdominal
Levantar una sola pierna
Flexión hacia delante sentado
Levantar el estómago

Más:

El puente
Respiración completa

3.ª y 4.ª semanas

Programación de la serie: practique durante 10 minutos, 3 veces a la semana.

Yoga para los abdominales: en cada serie, ejecute al menos 2 de las 6 primeras posturas y acabe con *El arco* y *Respiración de fuego*.

Elija dos:
Media barca
La barca
La barca, variación
Torsión abdominal
Levantar dos piernas
Flexión hacia delante sentado
La tabla baja

Más:
El arco
Respiración de fuego

Yoga de poder, nivel mantenimiento, y plan de abdominales

La combinación entre los 10 minutos de Yoga para abdominales y Yoga de poder, nivel mantenimiento, le ayudará a crear y mantener fuerza, buena forma cardiovascular y flexibilidad.

1.ª semana y siguientes

Programación de la serie: alterne la práctica entre *El saludo al sol A, B, C y D* y *El saludo a la luna* 5 días a la semana durante 20 minutos. Los días 1, 3, y 5 de práctica, a continuación de *El saludo al sol,* practique con 10 minutos de posturas de Yoga para los abdominales. Finalice las cinco series con 20 minutos de su actividad aeróbica favorita, como caminar, jogging suave, cinta de andar/jogging o bicicleta estática, 4 o 5 días a la semana durante 20 minutos.

Calentamiento: ejecute *El saludo al sol A,* una vez, lentamente, manteniendo cada postura durante 5 respiraciones.

El saludo al sol: ejecute de 4 a 6 repeticiones de *El saludo al sol A, B o C,* o bien *El saludo al sol D* y luego *El saludo a la luna,* 1 vez cada uno, manteniendo cada postura durante 3 respiraciones. Sitúese en el 50 y el 65 % de su ritmo cardíaco máximo.

Yoga para los abdominales: 10 minutos de la serie Yoga para los abdominales.

Aeróbicos: 20 minutos de su actividad aeróbica favorita más 3 intervalos, de 1 minuto cada uno, de una actividad de alta intensidad. Por ejemplo, si ha elegido caminar, camine durante 5 minutos, luego camine muy deprisa o realice un poco de jogging suave durante 1 minuto; repita la secuencia 2 veces y camine el tiempo restante. Si hace jogging, entonces esprinte durante los intervalos de 1 minuto; si lo que practica es bicicleta estática, añada intervalos de 1 minuto de saltar a la comba; si va por la cinta de andar, aumente su velocidad o vaya cuesta abajo. Ejercítese a un ritmo entre el 50 y el 65 % de su ritmo cardíaco máximo.

Calmar: ejecute 1 repetición de *El saludo al sol A*, poco a poco, manteniendo cada postura durante 5 respiraciones. Finalice con entre 5 o 10 minutos de *Relajación apoyada* (p. 151).

Asanas para los abdominales

MEDIA BARCA (*NAVASANA MODIFICADA*)

Efectos: tonifica y refuerza el músculo recto del abdomen. Se trata de una versión simplificada de *La barca*. También se pueden obtener beneficios practicando esta postura para principiantes.

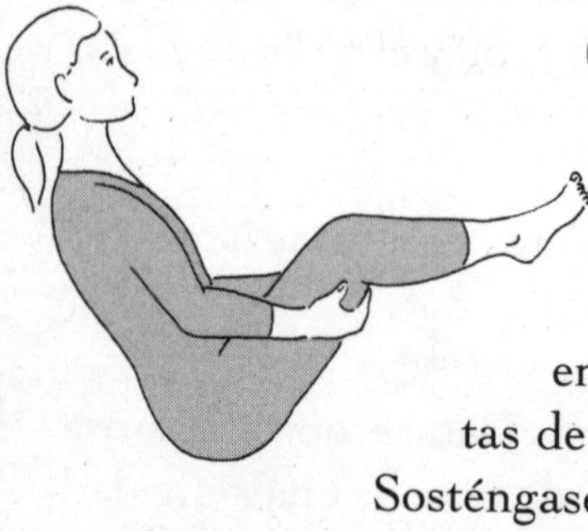

Cómo hacerlo:

1. Siéntese en el suelo con las rodillas flexionadas por delante, separadas a una distancia similar a la existente entre las caderas, y con las plantas de los pies planas sobre el suelo. Sosténgase la cara interna de los muslos con las manos, cerca de las rodillas.
2. Inclínese hacia atrás, levante las piernas de manera que las pantorrillas estén paralelas al suelo y equilibre los isquiones.
3. Inspire, y luego espire. A continuación estire los brazos hacia delante, paralelamente al suelo, con las palmas de las manos mirándose entre sí. Si le resulta demasiado difícil, sosténgase la cara posterior de los muslos con las manos. Meta el ombligo hacia atrás, como si quisiera tocar la columna. Intente mantener esta postura

durante 30 segundos. ¡Mantenga el equilibrio y respire!

4. Espire y baje los pies al suelo.
5. Repita 3 veces.

LA BARCA Y VARIANTE DE LA BARCA (*VARIACIÓN DE NAVASANA Y NAVASANA*)

Efectos: tonifica y refuerza el músculo recto del abdomen. Se trata de una postura para nivel intermedio, más avanzada que *Media barca*. Las personas con lesiones de espalda no deberían practicarla sin la ayuda de un profesor experimentado.

Cómo hacerlo:

1. Siéntese en el suelo con las rodillas flexionadas por delante, separadas a una distancia similar a la existente entre las caderas, y con las plantas de los pies planas sobre el suelo. Sosténgase la cara interna de los muslos con las manos, cerca de las rodillas.
2. Inclínese hacia atrás, levante las piernas de manera que las pantorrillas estén paralelas al suelo y equilíbrese sobre los isquiones.
3. Inspire, y luego espire, estirando las piernas hasta que estén rectas, equilibradas en una postura en forma de V. Estire los brazos hacia delante, paralelamente al suelo, con las palmas de las manos mirándose entre sí. Meta el ombligo hacia atrás, como si quisiera tocar la columna. Utilice los abdominales para permanecer equilibrado y

erecto, alargando la columna. Intente mantener esta postura durante 30 segundos. ¡Mantenga el equilibrio y respire!

4. Espire y baje los pies al suelo.
5. Repita 3 veces.
6. Una vez que vaya adquiriendo fuerza, añada esta variación a su práctica: entre en la postura de *La barca*, y luego baje poco a poco las piernas y los brazos hasta que se hallen a unos 2 cm de la estera. ¡No se fuerce! Poco a poco devuelva brazos y piernas a la postura de *La barca*. Repita 3 veces.

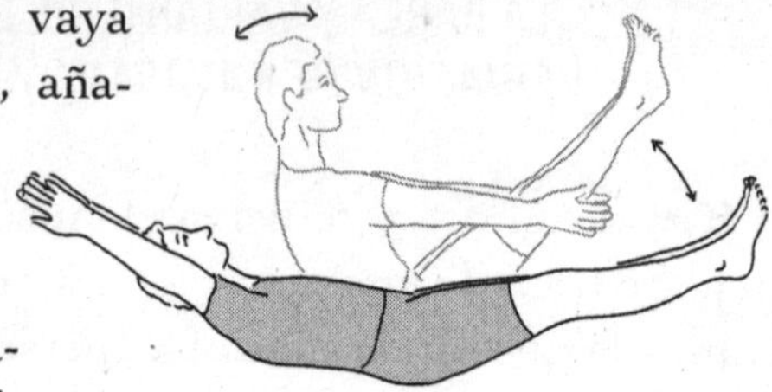

TORSIÓN ABDOMINAL MODIFICADA
(*JATHARA PARIVARTANASANA MODIFICADA*)

Efectos: ejercita los músculos oblicuos externos e internos y refuerza la pared abdominal. También estira los músculos rotatorios de las caderas, y eso mejora el buen funcionamiento de la articulación SI.

Cómo hacerlo:

1. Tiéndase sobre la espalda, con las rodillas elevadas hacia el pecho. Mantenga la región lumbar en contacto con el suelo. Estire los brazos a los lados, adoptando una posición de T, a la altura de los hombros, con las palmas de las manos boca abajo.
2. Espire. Manteniendo las rodillas juntas, bájelas poco a poco hacia la derecha, sin que los hombros pierdan

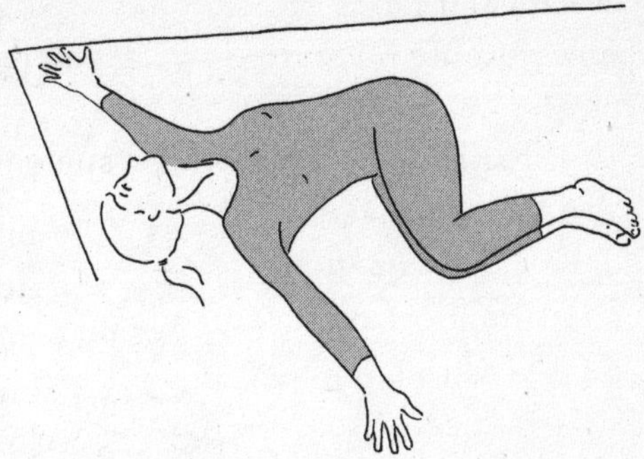

contacto con el suelo. Toque el suelo con la cara externa del pie derecho. Mire hacia la mano izquierda.

3. Relájese durante 3 respiraciones completas.

4. Inspire; a continuación utilice los músculos abdominales y levante las rodillas para adoptar la postura inicial.

5. Repita al lado izquierdo.

6. Repita 2 ciclos más.

TORSIÓN ABDOMINAL
(JATHARA PARIVARTANASANA)

Efectos: ejercita los músculos oblicuos externos e internos y refuerza la pared abdominal. Se trata de una postura de nivel intermedio.

Cómo hacerlo:

1. Tiéndase sobre la espalda, con las rodillas metidas hacia el pecho. Mantenga la región lumbar en contacto con el suelo. Estire los brazos a los lados, adoptando una posición de T, a la altura de los hombros, con las palmas de las manos boca abajo.

2. Inspire, estirando las piernas en vertical y conformando un ángulo de 90 grados. Mantenga los pies juntos y mantenga esta postura de las piernas a lo largo de todo el asana.

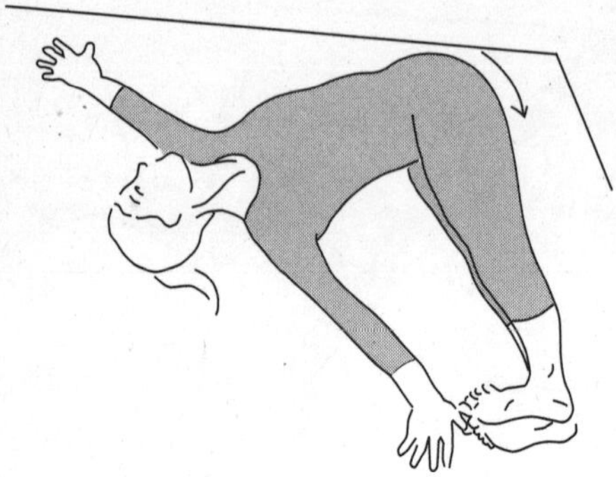

3. Espire; utilizando los abdominales para controlar el impulso, vaya bajando lentamente las piernas hacia el lado derecho sin dejar de mantener los hombros en contacto con el suelo. Toque el suelo con la parte externa del pie derecho. Mire hacia la mano izquierda.

4. Relájese durante 3 respiraciones completas.

5. Inspire; luego utilice los abdominales para levantar las piernas y devolverlas a la postura vertical.

6. Repita con el lado izquierdo.

7. Repita 3 ciclos más.

LEVANTAR UNA SOLA PIERNA
(URDHAVA PRASARITA PADASANA MODIFICADA)

Efectos: refuerza todo el abdomen, especialmente el recto del abdomen inferior y la región lumbar. También aumenta el vigor. Se trata de una versión simplificada de *Levantar ambas piernas*. También se pueden obtener beneficios con esta postura para principiantes.

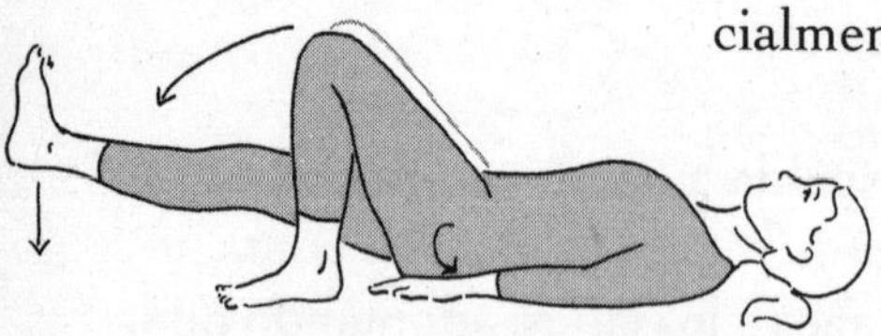

Cómo hacerlo:

1. Tiéndase de espaldas, con las rodillas flexionadas y la planta de los pies plana sobre el suelo. Los brazos es-

tán estirados a los costados, con las palmas de las manos boca abajo.

2. Inspire, estirando la pierna derecha en vertical y conformando un ángulo de 90 grados. Estire el talón.

3. Espire. Utilizando los abdominales, bascule la pelvis hacia dentro, manteniendo la región lumbar plana contra el suelo, y poco a poco baje la pierna derecha. Si siente dificultades manteniendo la basculación pélvica y la región lumbar plana en contacto con el suelo, deslice las manos bajo las nalgas, con los pulgares tocándose. Al ir progresando, compruebe periódicamente si se encuentra lo suficientemente fuerte como para realizar esta postura sin el apoyo suplementario.

4. Repita 3 veces con la derecha, inspirando según sube la pierna y espirando cuando ésta baja.

5. Repita los pasos 1 a 5 con la pierna izquierda.

LEVANTAR AMBAS PIERNAS
(URDHAVA PRASARITA PADASANA)

Efectos: refuerza todo el abdomen, especialmente el recto del abdomen inferior y la región lumbar. También aumenta el vigor significativamente. No practique esta postura si padece problemas lumbares. Se trata de una postura de nivel intermedio-avanzado y sólo debe realizarse cuando se ha dominado *Levantar una sola pierna*.

Cómo hacerlo:

1. Tiéndase de espaldas, con las piernas estiradas y los

brazos estirados a los costados, con las palmas de las manos boca abajo.

2. Acerque las rodillas al pecho.
3. Inspire, enderezando las piernas en vertical. Mantenga los pies juntos y flexione los talones.
4. Espire al tiempo que utiliza los abdominales para bascular la pelvis por debajo y mantener la región lumbar plana contra el suelo. A continuación baje las piernas hasta un ángulo de 60 grados. Mantenga durante 10 segundos, concentrándose en estirar los músculos abdominales.
5. Baje las piernas hasta un ángulo de 30 grados y realice una pausa durante otros 10 segundos.
6. Baje las piernas hasta 10 cm del suelo y mantenga durante 10 segundos.
7. Inspire, luego espire, subiendo ambas piernas hacia el techo.
8. Descanse, y luego repita.

FLEXIÓN SENTADA HACIA DELANTE *(PASCHIMOTTANASANA)*

Efectos: tonifica la pared y los órganos abdominales, sobre todo el músculo recto del abdomen superior, calma los nervios y tranquiliza la mente. No ejecute esta postura si padece problemas lumbares.

Cómo hacerlo:

1. Siéntese con las piernas estiradas por delante. Inclínese hacia delante, colocando las manos bajo los muslos, y empuje los músculos de los muslos hacia los lados.
2. Con las piernas estiradas, inspire y levante los bra-

zos hacia el techo, con las palmas de las manos mirándose entre sí.

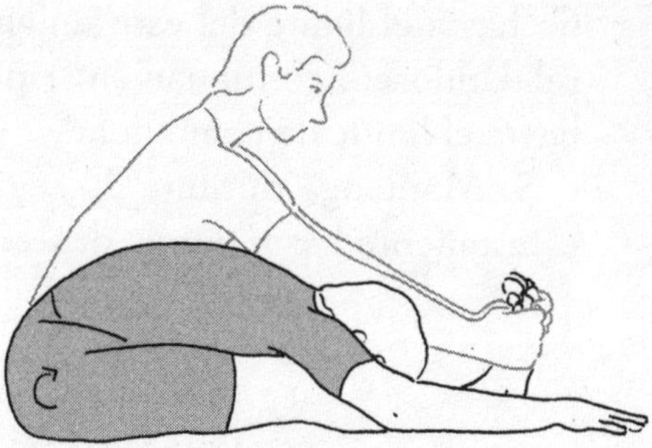

3. Espire, manteniendo el cuello relajado y la columna vertebral alargada, y estire suavemente el cuerpo hacia delante. Inicie el movimiento con el esternón.

4. Inspire y estire el cuerpo un poco más hacia delante. Agárrese las pantorrillas, los tobillos o los pies. Intente mantener la espalda derecha. Las rodillas están derechas. Tire de los músculos abdominales hacia arriba y amplíe la flexión hacia delante.

5. Si se le redondea demasiado la espalda o no puede estirarse hacia delante lo suficiente como para agarrarse las pantorrillas, los tobillos o los pies, utilice una toalla o correa alrededor de la planta de los pies y sírvase de los extremos para ayudarse a estirar el torso hacia delante. Mantenga esta postura durante 30 segundos.

6. Si se siente preparado, profundice en la postura continuando con el movimiento de flexión. Si ya ha alcanzado el límite, entonces manténgase ahí donde esté. ¡No fuerce esta postura! La flexibilidad aparecerá con más práctica.

7. Si puede, continúe el movimiento de flexión hacia delante, con los pies flexionados y los dedos de los pies hacia atrás. Descanse el abdomen, pecho y cabeza sobre las piernas. Los codos y antebrazos descansan ahora en el suelo, con las palmas de las manos boca abajo.

8. Manténgase concentrado en la respiración, llegan-

do hasta el límite del estiramiento. Inspire y retroceda, relajándose; a continuación, espire y estire hacia delante hasta el límite de comodidad.

9. Mantenga durante 30 segundos, siguiendo con el estiramiento hasta donde desee.

LA TABLA Y LA TABLA BAJA
(CHATURANGA DANDASANA)

Efectos: crea un cuerpo fuerte y equilibrado. Todos los músculos abdominales trabajan juntos para mantener esta postura.

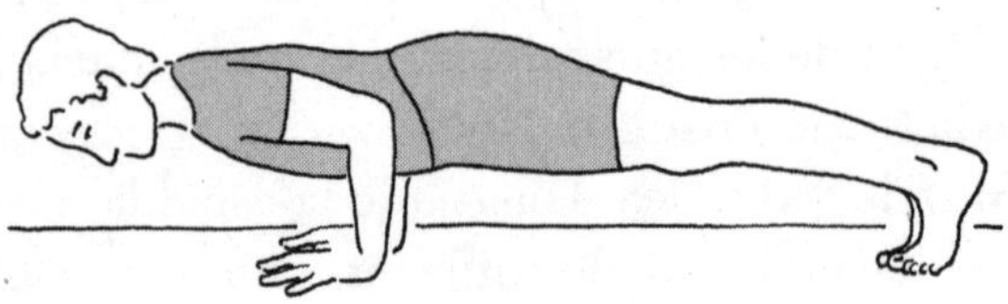

Cómo hacerlo:

1. Tiéndase sobre el estómago con las palmas de las manos sobre el suelo por debajo de los hombros (piense en la postura de las flexiones). Los dedos de los pies están doblados hacia dentro.

2. Empújese hacia arriba hasta que tenga los brazos derechos (no bloquee los codos), manteniendo los hombros echados hacia atrás y abajo. Meta el ombligo hacia la columna y permita que los músculos abdominales le sostengan mientras mantiene la postura durante 30 segundos.

3. Si le resulta difícil mantener la postura, no continúe. Simplemente repose en el suelo.

4. Si no puede mantener esta postura de *La tabla*, intente flexionar los codos y bajar todo el cuerpo hacia el suelo. Descienda tanto como pueda (¡pero no del todo!) sin echar los hombros hacia delante, sin levantar las nalgas o dejar que se le hundan las caderas. Use los abdominales para mantener la postura. Intente mantener el mismo peso corporal entre las manos y los pies. Lo ideal sería mantener la postura durante 30 segundos. ¡Respire!
5. Baje todo el cuerpo hasta el suelo.
6. Respire. Repita 5 veces.

ASANAS COMPLEMENTARIOS

Complete su trabajo abdominal con los siguientes asanas para estirar los músculos abdominales, a fin de desarrollar un equilibrio perfecto entre fuerza, tono y flexibilidad abdominal.

EL PUENTE *(SETU BANDHASANA)*

Efectos: estira los músculos abdominales, aumenta la flexibilidad en la columna y confiere firmeza a las nalgas.

Cómo hacerlo:

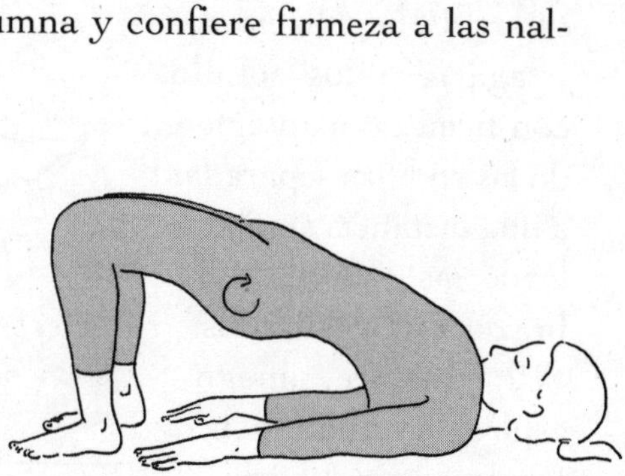

1. Tiéndase de espaldas, con los brazos a los costados y las palmas boca abajo. Flexione ambas rodillas y

ponga la planta de los pies plana en el suelo, a una distancia similar a la existente entre las caderas.

2. Bascule la pelvis, presionando ligeramente la región lumbar contra el suelo. Inspire. Luego espire poco a poco mientras levanta las caderas, y luego la espalda, vértebra a vértebra, hasta la mitad de los hombros (dando forma a un puente). Estabilice la postura empujando con los talones. Apriete las nalgas y bascule la pelvis. Mantenga durante 6 segundos.

3. Espire poco a poco, baje la columna vertebral hasta el suelo, vértebra a vértebra.

4. Repita 3 veces.

EL ARCO
(DHANURASANA)

Efectos: estira y tonifica los músculos abdominales, aumenta la flexibilidad en la columna, aumenta el vigor y da firmeza a las nalgas.

Cómo hacerlo:

1. Tiéndase sobre el estómago con la frente tocando la estera. Échese hacia atrás y agárrese los tobillos con firmeza, manteniendo las rodillas separadas a una distancia similar a la de las caderas. Los brazos están estirados.

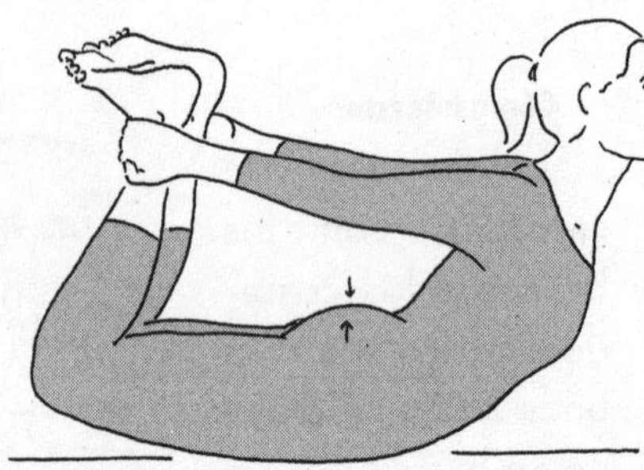

2. Inspire, luego espire, levantando la frente, nariz y barbi-

lla. Eleve el pecho del suelo. A fin de proteger la región lumbar, apriete las nalgas y meta la pelvis. Levante las rodillas del suelo.

3. Inspire, comprima los omóplatos entre sí y levante el esternón. Relaje el cuello.

4. Espire, aflojando la intensidad del estiramiento ligeramente, luego inspire, levantando el pecho y la caja torácica un poco más.

5. Mantenga la postura un momento. Espire y suelte el estiramiento un poco, luego inspire y levante más el pecho.

6. Suelte las manos de los tobillos y descanse sobre el estómago. Repose un momento.

7. Repita 2 veces.

RESPIRACIÓN ABDOMINAL

Según la filosofía del yoga, el prana es la energía vital. La respiración pranayama es la regulación consciente de la respiración que circula revitalizando el prana a través del cuerpo. La práctica de pranayama ejercita todos los músculos abdominales, dando firmeza y tonificando al estómago.

RESPIRACIÓN COMPLETA *(PRANAYAMA)*

Efectos: las investigaciones realizadas al respecto indican que respirar lenta y profundamente envía al cuerpo y la mente el mensaje de que todo va bien, y por lo tanto interrumpiendo el ciclo del estrés. La respiración profunda y diafragmática requiere que todos los músculos abdominales se compriman y expulsen completamente el aire de los pulmones.

Cómo hacerlo:

1. Siéntese cómodamente en una silla, o en el suelo en la postura de piernas cruzadas. Mantenga la espalda derecha y el cuello y la cabeza alineados con la columna vertebral.
2. Inspire lentamente por la nariz (¡con la boca cerrada!) hasta contar 4. Permita que el diafragma descienda, expandiendo la caja torácica media, y luego expandiendo la base de los pulmones. Aguante la respiración durante un instante.
3. Espire por la nariz, soltando el aire poco a poco hasta contar 8. Espire primero desde la parte superior de los pulmones, luego desde la mitad de la caja torácica. Contraiga ligeramente los músculos abdominales y expulse todo el aire.
4. Repita 6 veces.

CONTRACCIÓN ABDOMINAL *(UDDIYANA BANDHA)*

Efectos: refuerza los músculos abdominales y los mantiene flexibles; tonifica y masajea los órganos y glándulas abdominales. Practíquela con el estómago vacío.

Cómo hacerlo:

1. Póngase en pie con los pies separados a una distancia similar a la existente entre las caderas. Flexiónese hacia delante con las rodillas dobladas. Repose las manos en los muslos, por encima de las rodillas, para hacer palanca. Apoye el peso corporal en las manos.

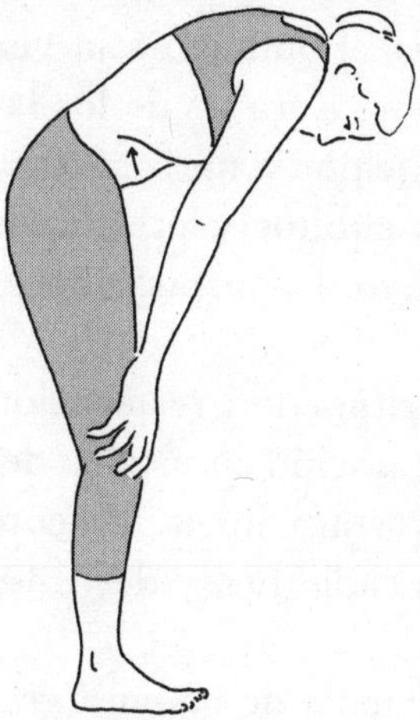

2. Espire con fuerza por la boca. Cierre la boca y acerque la barbilla a la garganta. Mantenga la espiración y meta el abdomen como si quisiera tocar con él la columna vertebral, echándolo también hacia arriba, hacia el plexo solar.

3. Mantenga la postura durante 2 segundos, luego bombee rítmicamente los músculos abdominales hacia dentro y hacia fuera mediante un movimiento de meter y soltar, 5 o más veces.

4. Antes de que la falta de oxígeno resulte incómoda, relaje los abdominales e inspire poco a poco. Incorpórese.

RESPIRACIÓN DE FUEGO O DE FUELLE
(BHASTRIKA PRANAYAMA)

Efectos: estas espiraciones enérgicas proporcionan un buen entrenamiento para el músculo transverso del abdomen. Al igual que un fuelle, que atrae aire para luego soplarlo sobre brasas para crear más fuego, bhastrika genera más calor y circulación en el cuerpo. Practique bhastrika diariamente con el estómago vacío. Bhastrika aumenta la presión intraabdominal y no debería ser practicada por personas con enfermedades cardíacas, presión alta o trastornos digestivos, o por mujeres durante la menstruación o el embarazo.

Cómo hacerlo:

1. Siéntese cómodamente en el suelo adoptando una postura de piernas cruzadas. Meta el ombligo a la vez que espira profunda y abruptamente a través de los labios fruncidos. Respire rápidamente por la nariz forzando el aire mediante movimientos súbitos y profundos hacia dentro, a la altura del ombligo. La inspiración es una respuesta a la espiración.

2. Realice 10 espiraciones a un ritmo de 1 respiración por segundo. Si la fuerza de su espiración empieza a debilitarse, reduzca el número de respiraciones. Ejecute hasta 3 series de 10 respiraciones cada una, y descanse lo que necesite entre cada serie.

3. Al ir adquiriendo fuerza, aumente de manera gradual hasta 2 respiraciones por segundo y 20 espiraciones por serie. Repita hasta 3 series.

Capítulo 5

Yoga para tonificar

Tonifíquese, estilícese y póngase en forma

Una sesión de yoga tiene el poder de tonificarle de la cabeza a los pies, de ayudarle a perder grasas, de ayudarle a adquirir una buena postura, de hacer músculos y de reducir la aparición de la celulitis. Como el yoga pone el acento en reforzar y estirar por igual, es una manera ideal de tonificar el cuerpo a la vez que se mejora la flexibilidad. Como el yoga combina la adquisición de fuerza con un intenso estiramiento, su práctica le ayudará a desarrollar músculos fuertes, estilizados y largos. Eso le ayudará a parecer más delgado, más alto y más sano.

Cuando se pierde tono muscular, la piel que sostiene los músculos de las nalgas, caderas, muslos y brazos se cae. Para conseguir un cuerpo firme, una piel tersa y mantener el tono muscular, necesita reforzar esos músculos. Aunque no se puede reducir grasa al azar, sí que puede trabajar las zonas fofas mediante estas posturas de yoga destinadas a los músculos.

A lo largo de los años, me he dado cuenta de que combinar la serie Yoga de poder del Capítulo 3 con asanas superesculturales maximiza todas las sesiones. Las rutinas de Yoga de poder queman grasas por todo el cuerpo, mientras que los asanas de refuerzo tonifican y definen las zonas deformes.

El tono muscular no sólo es esencial para un cuerpo sano, sino que también desempeña un importante papel en cualquier programa de control del peso. Unos músculos fuertes y tonificados recargan el metabolismo, ayudando a quemar calorías adicionales durante el día, para así poder alcanzar y mantener el peso ideal. Los músculos tonificados también mejoran la postura y la apariencia en general. Utilizará los músculos de manera más eficiente, evitará lesiones y aumentará su resistencia.

Yoga superescultural

Al yoga se le considera un método estupendo para mejorar la flexibilidad, el equilibrio y la relajación. Pero lo que no es tan sabido es que el yoga puede aumentar la musculatura. Las posturas de yoga han sido desarrolladas para estirar de manera eficaz todos los músculos del cuerpo, con suavidad y lentamente, como una forma de meditación en movimiento. Mantener las posturas de yoga de esta manera desarrolla lo que se denomina fuerza isométrica. La posturas de yoga utilizan el propio peso del cuerpo para proporcionar resistencia frente a la gravedad, y eso crea músculos fuertes, estilizados y flexibles. Se adquiere tono y fuerza, pero uno no se convierte en un armario, porque se está trabajando a través de un espectro muy amplio de movimientos, utilizando el propio cuerpo como resistencia.

El yoga refuerza la resistencia muscular en lugar de aumentar el poder que se adquiere, por ejemplo, con la alterofilia. Al practicar los asanas que aparecen a continuación, concéntrese en mantener un alineamiento corporal correcto a la vez que activa los músculos adecuados y respira profundamente.

Entrenamiento de fuerza

Aunque los asanas superesculturales pueden reforzar y tonificar, me he dado cuenta de que añadir pesos a una práctica de yoga puede resultar muy útil. Las posturas de yoga con pesos mejoran la fuerza dinámica: los músculos se acortan y adquieren grosor, protegiendo contra la pérdida de masa ósea y muscular.

En último término, realizar posturas de yoga sin pesos no fortalecerá tanto la masa muscular como entrenar con pesos. Sin pesos, el peso máximo con el que se carga se limita al peso corporal. Eso puede convertirse en un problema si es usted un practicante de yoga de nivel intermedio o avanzado. Si sus músculos se han adaptado a sostener su peso corporal, entonces su rutina normal ha dejado de ser un medio de adquirir fuerza y tono. Trabajar con pesos puede ayudar a que el practicante más avanzado obtenga mayor fuerza, estabilidad y vigor.

Los pesos también son beneficiosos para principiantes con dificultades a la hora de aguantar su propio peso corporal en asanas como *La tabla* o *El cuervo*. Entrenarse con pesos puede ayudar a los principiantes a adquirir la fortaleza y el vigor necesarios para sostener su propio peso en las posturas de yoga.

Lo mejor es comenzar con pesos ligeros. Por lo general recomiendo a los principiantes que empiecen con pesos de 500 g. Al igual que con cualquier otro programa de ejercicios, empiece poco a poco y vaya aumentando la intensidad de manera gradual. Mueva siempre su cuerpo dentro de los límites de movimiento más amplios posibles, pero no estire demasiado las articulaciones. Al ir avanzando, aumente el peso para cansar los músculos elegidos, al final de cada serie.

Los asanas tónicos con y sin pesos le reforzarán algo más que los músculos. La concentración mental requerida para mantener una postura de yoga también refuerza la ecuanimidad, junto con la claridad mental y espiritual.

La postura de yoga perfecta

Una buena postura hace que uno parezca inmediatamente más tonificado, alto y delgado. El yoga enseña a mantener una postura preciosa y lo básico en cuanto a alineación del cuerpo, ya que la mayoría de las posturas requieren un alargamiento consciente de la columna, una contracción pectoral, mantener los hombros atrás y unos abdominales fuertes. La buena postura mejora mucho más que la estética; reduce de manera sustancial el riesgo de dolor y lesiones, sobre todo en la región lumbar.

Los hombros caídos están provocados por un desequilibrio de grupos musculares opuestos. Las personas con mala postura suelen tener los tendones de la corva rígidos, y los pectorales, abdominales y dorsales, débiles. Eso provoca la caída de hombros y un aspecto un tanto «gacho», con abdominales protuberantes y nalgas caídas. Los siguientes asanas superesculturales se concentran en tonificar, estirar y enderezar los músculos de esas zonas, a fin de deshacernos de ese desgarbo.

Yoga anticelulitis para tonificar

Si tiene celulitis, o quiere prevenir su aparición, entonces esta serie de Yoga para tonificar es para usted. La clave para deshacerse de la celulitis es perder grasa y reforzar los músculos. Cuanto más tersa es la piel, menos celulitis mostrará. Combinando las series de Yoga de poder del Capítulo 3 para quemar la grasa corporal general (o celulitis) con el Yoga para tonificar, que refuerza músculos claves, se pueden conseguir grandes reducciones de la celulitis.

La celulitis es grasa, como cualquier otra grasa. La única diferencia es la manera en que se deposita bajo la piel. Bolsas de esta grasa hacen que la piel de encima se rice, con una apariencia grumosa (la llamada «piel de naranja») en caderas, nalgas y muslos. La celulitis aparecen en hombres y mujeres, aunque resulta más común en estas últimas porque las mujeres cuentan con un porcentaje de grasa más elevado en su cuerpo. El tamaño y el espesor de la celulitis también están genéticamente determinados y relacionados con la edad.

La cremas milagrosas para los muslos, el pasar hambre, el yoga y ni siquiera la cirugía pueden garantizar una eliminación permanente de la persistente celulitis. No obstante, una combinación de las series de Yoga de poder, asanas superesculturales y una dieta equilibrada y baja en grasas, tal y como aparece descrita en el Capítulo 7, reducirá o prevendrá la aparición de celulitis.

Plan de práctica del Yoga para tonificar

¿Está listo para obtener un mayor rendimiento en su práctica yóguica? Pues resulta tan fácil como añadir algunos asanas superesculturales a su serie de Yoga de poder. En unas pocas semanas estará más delgado, más fuerte y con más tono.

Si dispone de tiempo limitado utilice la serie de posturas esculturales por separado. Podrá obtener beneficios aunque sólo disponga de 10 minutos para realizar esta práctica. Si cuenta con más tiempo, combine esta serie de 10 minutos con cualquiera de las series de Yoga de poder que aparecen en el Capítulo 3 (vea, por ejemplo, la combinación de Yoga de poder, nivel mantenimiento, con la serie de tonificación que viene a continuación). Para quemar calorías adicionales y lograr un rendimiento mayor, añada Yoga para los abdominales (véase Capítulo 4) a su práctica de Yoga de poder y tonificación en días alternos.

Tenga en cuenta que realizar esta rutina con comodidad pudiera costarle más de 4 semanas, dependiendo de su condición física. Si se siente cómodo y confiado realizando las posturas de la 1.ª y 2.ª semanas, continúe con la 3.ª y 4.ª. Si no, permanezca con la 1.ª y 2.ª hasta que se sienta lo suficientemente fuerte para continuar.

1.ª y 2.ª semanas

Programación de la serie: practique durante 10 minutos, 2 o 3 días a la semana, tomándose un día de descanso entre las sesiones de entrenamiento.

Asanas superesculturales; elija al menos 2:

La media vela/El pez

El broche

La media parada de cabeza
Saludo a los dioses y diosas
El plano inclinado
El saltamontes

3.ª y 4.ª semanas

Programación de la serie: practique durante 10 minutos, 2 o 3 días a la semana, tomándose un día de descanso entre las sesiones de entrenamiento.

Asanas superesculturales; elija al menos 2:
El triángulo invertido
Estiramiento de piernas
Zancada
El cuervo
El saltamontes con pesos en las piernas
La silla con pesos
Flexión lateral con pesos

Yoga de poder, nivel mantenimiento, y serie de tonificar

Una combinación de Yoga para tonificar y de la serie Yoga de poder, nivel mantenimiento, le ayudará a aumentar y mantener su fuerza, la plena forma cardiovascular y la flexibilidad.

1.ª semana y siguientes

Programación de la serie: alterne la práctica entre *El saludo al sol A, B, C y D* y *El saludo a la luna* 5 días a la semana durante 20 minutos. Los días 1, 3 y 5 de práctica, a continuación de *El saludo al sol,* practique con 10 minutos de posturas de Yoga para tonificar. Finalice cada una de las series con 20 minutos de su actividad aeróbica favorita, como caminar, jogging suave, cinta de andar/jogging o bicicleta estática.

Calentamiento: ejecute *El saludo al sol A*, una vez, lentamente, manteniendo cada postura durante 5 respiraciones.

El saludo al sol: ejecute de 4 a 6 repeticiones de *El saludo al sol A, B o C*, o bien *El saludo al sol D* y luego *El saludo a la luna*, 1 vez cada uno, manteniendo cada postura durante 3 respiraciones. Sitúese en el 50 y el 65 % de su ritmo cardíaco máximo.

Yoga para tonificar: 10 minutos de la serie Yoga para tonificar.

Aeróbicos: 20 minutos de su actividad aeróbica favorita más 3 intervalos, de 1 minuto cada uno, de una actividad de alta intensidad. Por ejemplo, si ha elegido caminar, camine durante 5 minutos, luego camine muy deprisa o realice un poco de jogging suave durante 1 minuto; repita la secuencia 2 veces y camine el tiempo restante. Si hace jogging, entonces esprinte durante los intervalos de 1 minuto; si lo que practica es bicicleta estática, añada intervalos de 1 minuto de saltar a la comba; si va por la cinta de andar, aumente su velocidad o vaya cuesta abajo. Ejercítese a un ritmo entre el 50 y el 65 % de su ritmo cardíaco máximo.

Calmar: ejecute 1 repetición de *El saludo al sol A*, poco a poco, manteniendo cada postura durante 5 respiraciones. Finalice con entre 5 o 10 minutos de *Relajación apoyada* (p. 151).

Asanas superesculturales

Practicando estos asanas superesculturales adquirirá tono, adelgazará y estará en forma.

LA MEDIA VELA *(ARDHA SARVANGASANA)*

Efectos: esta postura clásica tonifica y refuerza todo el cuerpo. Se trata de una versión y de una preparación de *La vela* completa, que requiere la supervisión de un instructor cualificado. A fin de protegerse el cuello, practique con una toalla o manta bien doblada, manteniendo los hombros a entre 7 y 10 cm del borde doblado, y con la cabeza en la estera. Ejecutando esta postura de nivel principiante también aprovechará los beneficios de *La vela* completa. A continuación ejecute siempre *El pez*.

Cómo hacerlo:

1. Tiéndase de espaldas, con los pies juntos y las manos a los lados. Inspire y levante las piernas estiradas hacia el techo.
2. Espire y levante las caderas del suelo, utilizando las

manos para empujar. Sosténgase la pelvis colocando las manos ahuecadas alrededor de las caderas, con los codos juntos. Mantenga las piernas estiradas en un ángulo de 45 grados.

3. Mantenga este equilibrio durante entre 30 y 60 segundos. Respire con naturalidad.

4. Para salir de la postura, flexione ambas rodillas hacia la frente y lleve las manos al suelo. Lentamente y con control, devuelva las caderas al suelo. Estire las piernas y bájelas al suelo. Si su espalda y abdominales son débiles, entonces flexione las rodillas hasta la frente y baje las piernas dobladas hasta el suelo.

EL PEZ *(MATSYASANA)*

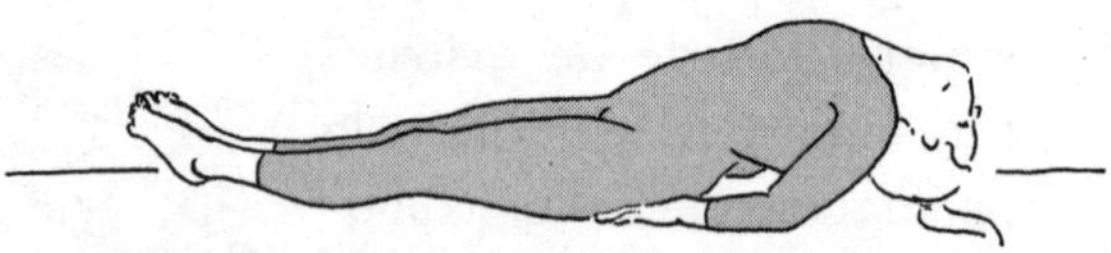

Efectos: ejecute siempre *El pez* después de *La media vela*. Abre el cuello y la garganta, estimulando la región tiroidea. Se considera que esta circulación de sangre fresca mejora el metabolismo, ayudando a alcanzar o mantener el peso ideal de manera natural.

Cómo hacerlo:

1. Tiéndase sobre la espalda, con las piernas estiradas y los muslos tocándose. Deslice las manos, con las palmas boca abajo, debajo de las nalgas.

2. Inspire, arquee la espalda y levante el pecho del suelo, soportando el peso sobre los codos. Comprima los omóplatos entre sí. Eche la cabeza hacia atrás y toque ligeramente el suelo con la coronilla de la cabeza.

3. Respire 2 veces mientras mantiene la postura. Si siente dolor o debilidad en el cuello, salga de la postura de inmediato.

EL BROCHE *(GOMUKHASANA)*

Efectos: mejora la postura al desarrollar flexibilidad en el pecho, los hombros, la región dorsal, las caderas y las piernas. Ayuda a corregir los hombros caídos.

Cómo hacerlo:

1. Empiece sentado, con las piernas extendidas frente a usted. Cruce la rodilla derecha flexionada por encima de la pierna izquierda, de manera que el pie derecho descanse junto a la cadera izquierda. Balancéese hacia atrás sobre los isquiones, flexione la pierna izquierda de manera que su pie izquierdo descanse junto a la cadera derecha. A continuación levante el brazo derecho por encima de la cabeza y eche ésta hacia abajo, como si fuese a rascarse la espalda. Suba el brazo izquierdo por la espalda, con la mano apuntando hacia arriba. Agárrese las manos firmemente entre los omóplatos (si no puede agarrarse las manos, sostenga el extremo de una toalla o correa con la mano izquierda y el otro extremo con la mano derecha. Poco a poco, vaya acercando las manos por la toalla).

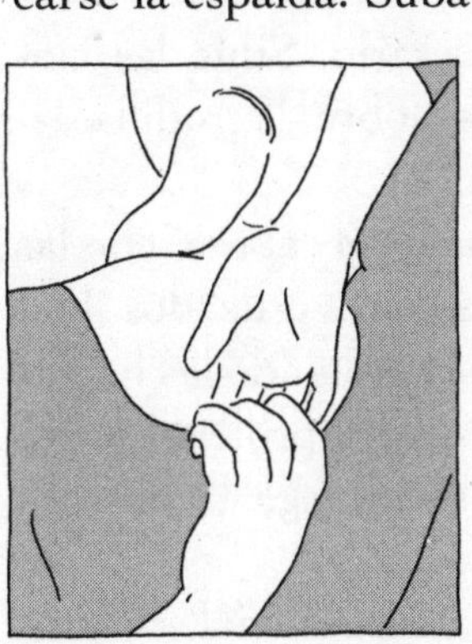

2. Mantenga la cabeza erecta, sienta el estiramiento, y mantenga la postura durante tres respiraciones lentas y profundas.

3. Deshaga el apretón de manos, enderece las piernas y repita del otro lado.

SALUDO A LOS DIOSES Y DIOSAS
(VARIACIÓN DE ANJANEYASANA)

Efectos: realizar esta postura estira los músculos cuadriceps (en la cara delantera de los muslos), y tonifica y refuerza la espalda, las caderas y las nalgas.

Cómo hacerlo:

1. A partir de la postura arrodillada, adelante la pierna izquierda, colocando la planta del pie izquierdo plana sobre el suelo. Disponga una manta doblada bajo la rodilla derecha para estar cómodo, si fuese necesario. Sitúe las manos sobre la rodilla izquierda, manteniendo el equilibrio.

2. Levante los brazos por encima de la cabeza, con las palmas de las manos juntas y los pulgares cruzados. Inspire, empuje e inclínese hacia atrás, apretando las nalgas con firmeza y basculando la pelvis, para proteger la región lumbar. Mire hacia arriba. Mantenga la postura durante 1 respiración.

3. Regrese poco a poco a la postura inicial, contra-

yendo los abdominales. Repose las manos sobre la rodilla izquierda, manteniendo el equilibrio.

4. Repita con el otro lado.

EL TRIÁNGULO INVERTIDO
(PARIVARTTA TRIKONASANA)

Efectos: *El triángulo invertido* es una combinación de una flexión hacia delante, una torsión, y una postura de pie que soporta peso. Facilita que los huesos de los brazos, piernas y la columna vertebral retengan calcio, que es esencial para crear masa ósea a fin de combatir la osteoporosis. Practique esta postura avanzada cuando se sienta cómodo y fuerte practicando *El triángulo* (p. 77) y *La pinza* (p. 56). Las personas con discos vertebrales lesionados no deben practicar ni ésta ni otras posturas de torsión sin la asistencia de un profesor experimentado.

Cómo hacerlo:

1. Adopte una postura abierta, con los pies separados entre 1 y 1,20 m, con los brazos estirados hacia fuera adoptando una posición en T. Gire el pie izquierdo 90 grados hacia la izquierda y el derecho unos 30 grados hacia la izquierda, de manera que el talón izquierdo esté en línea con el arco del pie derecho. Mueva las caderas para que miren hacia el pie izquierdo.

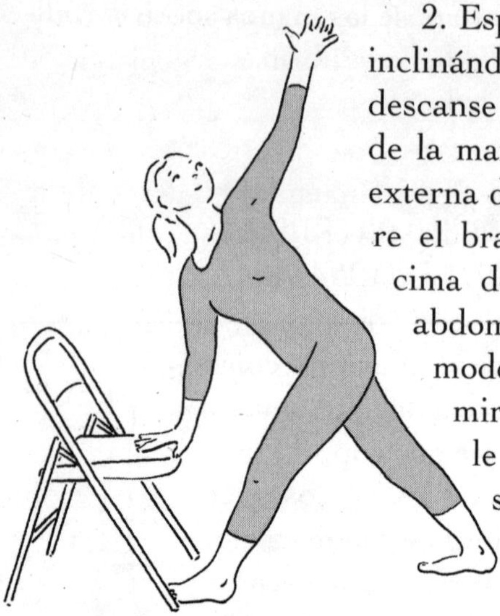

2. Espire, girando el torso e inclinándose hacia delante, y descanse la punta de los dedos de la mano derecha en la cara externa del pie izquierdo. Estire el brazo izquierdo por encima de la cabeza. Meta el abdomen. Si le resulta cómodo, gire la cabeza para mirar hacia arriba (si no le es posible llegar al suelo, descanse la mano derecha en una silla o bloque).

3. Siga estirando y alargándose mientras mantiene la postura durante 3 o 4 respiraciones.

4. Incorpórese y repita al otro lado.

ZANCADA
(VARIACIÓN DE ANJANEYASANA)

Efectos: esta efectiva zancada anticelulítica tonifica y refuerza las piernas y las nalgas. Mejora la postura al desarrollar flexibilidad en el pecho y los hombros. Practique esta postura más avanzada cuando se sienta cómodo y fuerte ejecutando *El corredor levantado* (p. 70) y *Expandir el pecho* (p. 34).

Cómo hacerlo:

1. Estando de pie, dé un paso hacia atrás con el pie derecho, con el pulpejo del pie empujando contra el suelo.

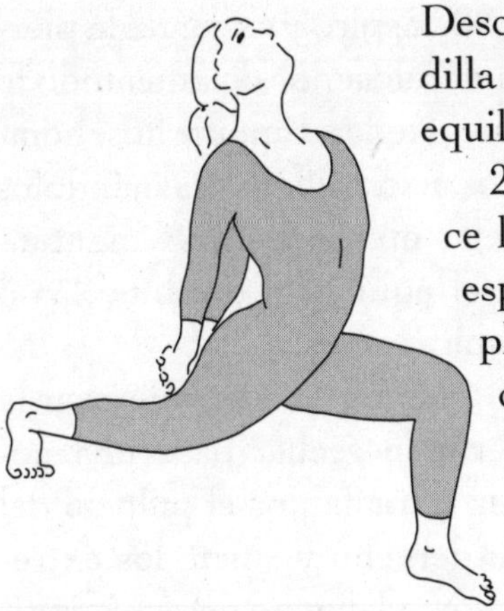

Descanse las manos sobre la rodilla izquierda, manteniendo el equilibrio.

2. Cuando esté listo, entrelace las manos por detrás de la espalda y comprima los omóplatos entre sí. Enderece los codos y apriete las nalgas. Inspire, expandiendo el pecho y levantando los brazos y la barbilla. Espire, echando las manos hacia delante para que descansen sobre la rodilla izquierda.

3. Repita del otro lado.

ESTIRAMIENTO DE PIERNAS *(UTTHITA HASTA PADANGUSTHASANA)*

Efectos: este intenso tonificador de todo el cuerpo fortalece las piernas y las nalgas, y estira las caderas y los tendones de la corva. También mejora la postura al desarrollar un magnífico equilibrio. Practique esta postura más avanzada cuando se sienta cómodo y fuerte ejecutando *Flexión sentada hacia delante* (p. 98). Al principio, sujétese a una silla o la pared, si le parece que pierde el equilibrio.

Cómo hacerlo:

1. Empiece con *La montaña* (p. 32). Levante la rodilla derecha y agárrese el dedo gordo del pie derecho con la mano derecha. Repose la mano izquierda en la cadera izquierda e inspire, manteniendo el equilibrio sobre la pierna izquierda.

2. Espire y extienda la pierna derecha por delante, todo lo que pueda. Empuje los hombros hacia abajo y alejándolos de las orejas. Estire y mantenga el equilibrio durante 2 o 3 respiraciones.

3. Si no puede enderezar la pierna derecha, pase una correa o toalla por el pulpejo del pie derecho y sujete los extremos con la mano derecha. Estire y mantenga el equilibrio durante 2 o 3 respiraciones.

4. Repita del otro lado.

LA MEDIA PARADA DE CABEZA *(ARDHA SIRSASANA)*

Efectos: tonifica y fortalece todo el cuerpo, en mayor medida los brazos, hombros y el cuello. *La media parada de cabeza* es una preparación para *El pino*, cuya ejecución requiere la supervisión de un instructor cualificado. Practíquela sobre una estera con una manta doblada con cuidado para protegerse la cabeza. Haciendo esta preparación obtendrá los beneficios de *El pino*.

Cómo hacerlo:

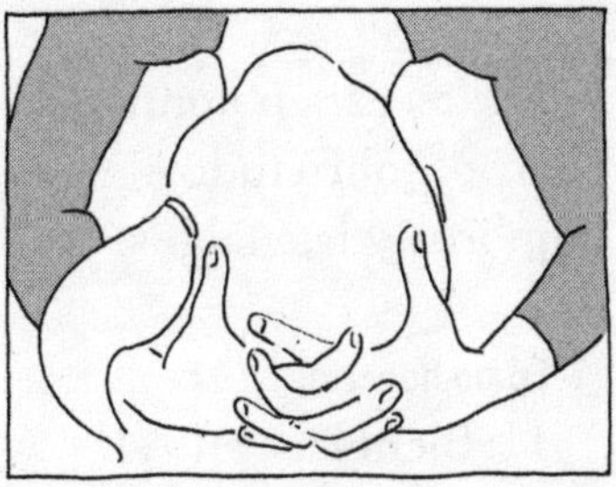

1. Arrodíllese en el suelo y luego descanse los antebrazos en la estera, frente a la cara, de manera que los muslos y la parte superior de los brazos mantengan una perpendicularidad respecto al suelo. Mida la distancia entre sus codos colocando el puño izquierdo contra el codo derecho. Los codos deben estar separados a la misma distancia que los hombros entre sí. Entrelace los dedos, conformando una base triangular con los antebrazos. Repose la coronilla de la cabeza en el suelo, sosteniéndola con las manos ahuecadas.

2. Espire y levante las caderas, enderezando las rodillas, empujando hacia el suelo con el pulpejo de la planta del pie. Empuje hacia la estera con la parte superior de los brazos y el centro de los antebrazos (el cúbito), a fin de crear un efecto de palanca. Aparte los hombros del cuello. La parte superior de cada muñeca se encuentra justamente por encima de la parte inferior, y no inclinada hacia fuera o dentro.

3. Inspire, empuje hacia abajo con los antebrazos y levante la cabeza unos centímetros del suelo. Espire y luego vuelva a descansar la coronilla en la estera. Repita 3 veces.

4. Flexione las rodillas y bájelas hasta el suelo. Mantenga la cabeza bajada durante unos momentos antes de sentarse.

EL PLANO INCLINADO *(PURVOTTANASANA)*

Efectos: esta potente postura tonifica y fortalece todo el cuerpo, sobre todo el pecho, los brazos, las muñecas, los hombros y las nalgas.

Cómo hacerlo:

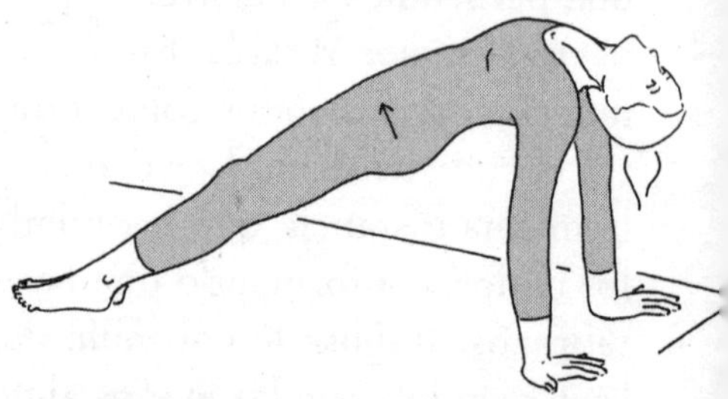

1. Siéntese en el suelo con las piernas extendidas por delante. Ponga las palmas de las manos sobre el suelo a entre 15 y 30 cm por detrás de las caderas, con los dedos apuntando en sentido contrario que los pies (si le resultase difícil, que los dedos apunten hacia los pies). Inspire y comprima los omóplatos entre sí.
2. Espire y levante las caderas del suelo. Enderece los brazos y las piernas. Apriete las nalgas, comprima los omóplatos entre sí y ensanche el pecho. Empuje en el suelo con los talones de los pies. Estire el cuello hacia atrás todo lo posible sin sentir incomodidad. Respire y mantenga la posición, hasta 30 segundos. Mantenga las caderas levantadas.
3. Espire y baje hasta el suelo.

EL CUERVO *(KAKASANA)*

Efectos: este tonificador de todo el cuerpo refuerza los brazos, el pecho y los muslos, y estira las caderas y la espalda. También mejora la postura desarrollando un estupendo equilibrio. Practique esta postura más bien avanzada cuando se sienta lo suficientemente cómodo y fuerte ejecutando *La tabla* y *La tabla modificada* (p. 57). Se trata de una postura difícil, pero al ir practicando encontrará el equilibrio.

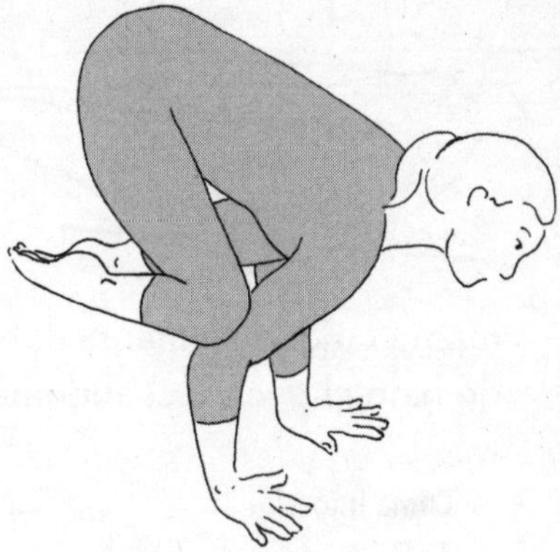

Cómo hacerlo:

1. Acuclíllese, descansando el peso en el pulpejo de los pies (la zona carnosa de la planta, junto a los dedos). Ponga las manos en el suelo, entre las piernas, con los dedos extendidos. Suba las rodillas a la parte de atrás de los brazos (los tríceps). Traslade el peso hacia delante a los brazos al ponerse de puntillas. Empuje los omóplatos hacia abajo y apriétese la cara interna de los muslos.
2. Continúe trasladando el peso hacia delante, levantando los dedos de los pies del suelo y equilibrándose poco a poco. Ahora todo el peso reposará sobre sus manos.
3. Respire con naturalidad mientras permanece equilibrado y concentrado. Mantenga durante 30 segundos.

EL SALTAMONTES *(SALABHASANA)*

Efectos: se trata de un excelente tonificador anticelulitis, que refuerza las nalgas, los tendones de la corva y la espalda. También mejorará la postura al reducir la caída de hombros. Las personas con problemas de espalda no deberán practicar *El saltamontes* entero sin la asistencia

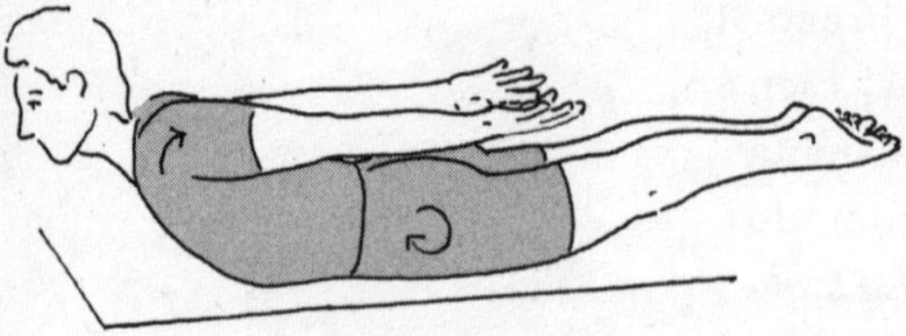

de un profesor experimentado. Puede que quiera practicarla sobre una estera con una manta cuidadosamente doblada o algún tipo de acolchado bajo el pecho, el abdomen y las caderas.

Cómo hacerlo:

1. Tiéndase boca abajo en la estera con los brazos estirados a lo largo de los costados, con las palmas de las manos hacia arriba y los antebrazos en el suelo.
2. Inspire, levante del suelo el pecho, la cabeza y la pierna derecha. A fin de protegerse la región lumbar, meta el abdomen y bascule la pelvis; apriete las nalgas y mantenga ambas caderas firmemente contra el suelo. Mantenga durante 3 segundos.
3. Espire, bajando el pecho, la cabeza y la pierna hasta tocar la estera.
4. Repita los pasos 2 y 3 con la pierna izquierda.
5. Repita los pasos 2 y 3, en esta ocasión levantando ambas piernas del suelo, junto con los brazos. Ése es *El saltamontes* completo.
6. Suelte, descanse plano en el suelo y relájese.

EL SALTAMONTES CON PESOS EN LAS PIERNAS *(SALABHASANA, VARIACIÓN)*

Efectos: utilizar pesos en las piernas aumentará enormemente el tono y la fuerza en la parte inferior del cuerpo. Practíquelo tras sentirse cómodo y fuerte ejecutando

El saltamontes completo. Las personas con problemas de espalda no deberían practicar esta postura.

Cómo hacerlo:

1. Con unos pesos en los tobillos que sean apropiados para usted, tiéndase boca abajo en la estera con los brazos estirados a los costados, las palmas boca abajo y la barbilla en el suelo. Para empezar, recomiendo pesos de 0,5 kg.

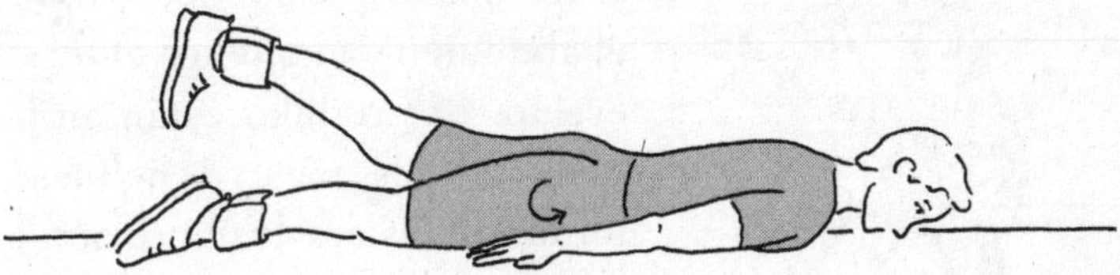

2. Poco a poco y con control inspire y levante la pierna derecha, manteniéndola estirada. A fin de protegerse la región lumbar, meta el abdomen y bascule la pelvis, apretando las nalgas, y manteniendo ambas caderas firmemente en contacto con la estera.
3. Poco a poco y con control, espire al bajar la pierna al suelo.
4. Repita con la pierna izquierda.
5. Repita 3 veces de cada lado. Suelte y relájese.

LA SILLA CON PESOS
(UTKATASANA, VARIACIÓN)

Efectos: utilizar pesos mientras se ejecuta *La silla* recargará, tonificará y reforzará la parte inferior del cuerpo. Practíquela una vez que se sienta cómodo y fuerte al realizar *La silla*.

Cómo hacerlo:

1. Sosteniendo unas pesas ligeras apropiadas para usted, permanezca de pie, con los pies separados a la misma distancia que las caderas. Le recomiendo unas pesas de 0,5 kg para empezar.

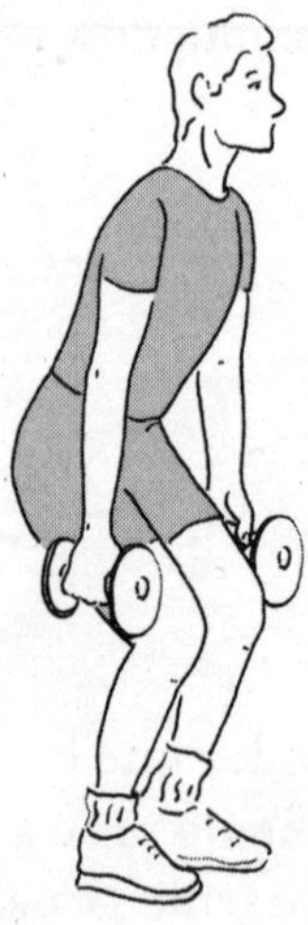

2. Inspire, flexione las rodillas y acuclíllese poco a poco. Meta el abdomen y mantenga el torso erecto. Las rodillas están en línea con los pies. Acuclíllese, juntando los muslos horizontalmente todo lo que le sea posible.
3. Espire, incorporándose muy lentamente.
4. Repita 3 veces.

FLEXIÓN LATERAL CON PESOS (*NITAMBASANA, VARIACIÓN*)

Efectos: utilizar pesos mientras se realizan flexiones laterales recarga, tonifica y refuerza la parte superior del cuerpo, a la vez que esbeltece la cintura. Practíquela tras sentirse cómodo y fuerte practicando la *Flexión lateral*.

Cómo hacerlo:

1. Sosteniendo dos pesas apropiadas para usted, inspire y levante los brazos estirados por encima de la ca-

beza. Las palmas de las manos se miran entre sí y los brazos están levantados a partir de la caja torácica. Para empezar, le recomiendo pesas de 0,5 kg.

2. Espire, estirándose a la derecha y manteniendo las pesas a una distancia regular. No deje que los brazos se junten. Meta el abdomen y apriete las nalgas. Mantenga la postura durante una respiración. Inspire y regrese al centro.

3. Espire; repita a la izquierda.

4. Repita 3 veces.

Capítulo 6

Yoga suave

Yoga suave para todos

Una de las cosas hermosas del yoga es que todos pueden disfrutarlo. Sea cual sea su tamaño, forma, edad o nivel de forma, esta disciplina suave y a la vez potente ofrece unos ejercicios totalmente equilibrados que le ayudarán a adelgazar, a reforzar su vitalidad y a vivir de manera más sana. Si padece mucho exceso de peso o ha perdido la forma, o bien es un principiante absoluto, empezar con una serie de Yoga suave le permitirá acumular confianza y le ayudará a beneficiarse del yoga sin lesiones ni esfuerzos. Si ha dado a luz hace poco, también hallará una serie perfecta para usted. Practicar Yoga suave le enseñará cómo trabajar en su grado de forma física y a respetar su nivel de aptitud, fuerza y flexibilidad.

El yoga no es sólo para la gente guapa, ultraflexible y delgaducha, como tantas veces nos hacen creer los medios de información. Por el contrario, los mayores beneficios del yoga están ahí para quienes más los necesitan. Las personas con cuerpos de enorme tamaño, brazos y muslos pesados, o grandes estómagos tal vez puedan sentirse intimidadas ante el reto de posturas más avanzadas y enrevesadas. Pero con paciencia y perseverancia, todo el mundo puede enriquecer su vida practicando las rutinas de Yoga suave que aparecen en este capítulo. Le permitirán aumentar de manera segura y gradual la intensidad de las sesiones y el nivel de forma física, sea cual fuere su tamaño o forma.

Yoga suave dará tono y reforzará sus piernas, caderas, nalgas y abdomen, y pondrá en marcha su metabolismo, ayudándole a perder peso. Con el tiempo, el yoga le ayudará a deshacerse de esos kilos de más y, lo que es más importante, le ayudará a descubrir lo que significa estar sano y fuerte, no sólo delgado. El camino yóguico de la paz mental, la conciencia corporal y la autoaceptación también estimulará un enfoque sano de la alimentación.

Yoga en una silla

El yoga puede modificarse para todo aquel que tiene dificultades para mantener el equilibrio o que cuenta con una movilidad limitada, articulaciones rígidas o casi cualquier otro desafío físico. Si tiene dificultades para tenderse o sentarse en el suelo, la serie Yoga fácil puede practicarse en una silla o en el borde de la cama. Con las posturas modificadas para ser ejecutadas en una silla que hallará en este capítulo se puede disfrutar de los mismos beneficios que se obtendrían de las posturas clásicas de yoga.

Vaya realizando la serie lentamente, con seguridad y con atención. Trabaje las posturas en su nivel de comodidad. No trate de esforzarse ni forzar el cuerpo de manera que le duela. La práctica del yoga es la antítesis del enfoque «sin dolor, no hay ganancia».

Modificar las posturas

Una vez que se sienta cómodo con el yoga en silla y empiece a ganar en fuerza y flexibilidad, tal vez quiera avanzar hacia el siguiente nivel modificando sus posturas de yoga mediante apoyos, como una pared, un cojín, una correa, un cinturón, mantas, bloques de espuma y almohadas. Estos soportes ayudan a compensar las limitaciones físicas, como una cierta dificultad al levantar los brazos por encima de la cabeza o sentarse en el suelo. Utilizar apoyos le ayudará a prevenir tirantez muscular, de espalda y rodilla debido a debilidad, falta de flexibilidad o exceso de peso. Por ejemplo, colocar una manta doblada o un cojín plano bajo los isquiones (los huesos sobre los que nos sentamos) para elevar las caderas le ayudará a sentarse cómodamente en el suelo en *La postura fácil* (p. 150). Si no puede estirarse hacia delante, utilice una correa alrededor del pulpejo del pie en *La pinza modificada* (p. 148) le ayudará a estirar el alcance. Una correa también proporcionará una estirada segura para tendones de la corva tiesos, tal y como se demuestra en la *Apertura de piernas modificada* (p. 147).

Las posturas de pie e invertidas pueden representar un desafío para los principiantes de cualquier edad. La dificultad respiratoria y de equilibrio en una *Flexión hacia delante* puede aliviarse con un bloque, como aparece en *Extensión frontal intensa modificada* (p. 140). Posturas en pie, como *El árbol modificada* (p. 141), desarrollan equilibrio y fuerza, y pueden practicarse con seguridad con una silla o apoyándose en la pared. Las posturas invertidas, como *El pino* y *La vela*, pueden aumentar el riesgo de lesión vertebral y deben evitarse, pero no obstante se pueden obtener beneficios de la postura invertida, como aparece en *Invertida con apoyo* (p. 145).

Al ir progresando, adquiriendo fuerza y mejorando con este programa de Yoga suave, querrá, claro, desafiarse a usted mismo —algo que debe hacer— con las rutinas que aparecen en los Capítulos 3, 4 y 5. Mediante una práctica regular (modificando las posturas con apoyos siempre que lo necesite), y una dieta equilibrada y sana, no tardará de darse cuenta de que su cuerpo se ha vuelto más fuerte y flexible, a la vez que usted se ha tornado más tranquilo, ha ganado en confianza y en optimismo.

Después del niño

Acaba de tener un hijo. ¡Felicidades! Yoga suave es la mejor forma de regresar fácilmente a una rutina de ejercicios regular para recuperar e incluso mejorar la figura que tenía antes del embarazo. Una vez que su médico le dé permiso, puede empezar las series de Yoga básico y Yoga suave que aparecen a continuación. Al ir recuperando fuerza y tono muscular, tal vez quiera cambiar a la rutina del Capítulo 4, «Yoga para los abdominales», a fin de volver a recuperar la forma de sus músculos abdominales, o bien la del Capítulo 3, «Yoga de poder», para perder peso. Combinando una dieta sana y equilibrada con el yoga, no tardará mucho en disfrutar de un nuevo y mejorado aspecto físico postembarazo.

Series Yoga básico y Yoga suave

Empiece las primeras 2 semanas de práctica con las posturas de Yoga suave que siguen a continuación, y las de Yoga básico del Capítulo 2. Tenga en cuenta que realizar esta rutina con comodidad pudiera costarle más de 2 semanas, dependiendo de su condición física. Si se siente cómodo y confiado al realizar dichas posturas, continúe con la serie Yoga de poder que aparece en el Capítulo 3. Si no fuese así, siga con 1.ª y 2.ª semana hasta que se sienta lo suficientemente fuerte como para continuar.

1.ª semana

Programación de la serie: practique durante 30 minutos, 3 o 4 veces a la semana. Realice el Calentamiento con posturas de Yoga básico, continúe con las posturas de Yoga suave, y luego pase a Calmar, con algunas posturas más de Yoga básico.

Calentamiento:
Empujar y apretar los hombros
Bascular la pelvis
La montaña y levantar el esternón
Expandir el pecho

Yoga suave:
El muñeco de trapo sentado
La rueda sentada
Balanceo sentado
Torsión sentada
El triángulo sentado
Expandir el pecho sentado

Calmar:
Mula bandha
Ujjayi pranayama
Postura de relajación sentada con meditación de observación

2.ª semana

Programación de la serie: practique entre 30 y 40 minutos, 4 veces a la semana. Empiece con posturas de Yoga básico, continúe con las posturas de Yoga suave y luego pase a Calmar, con algunas posturas más de Yoga básico.

Calentamiento:
Empujar y apretar los hombros
Bascular la pelvis
La montaña y levantar el esternón
Expandir el pecho

Yoga fácil:
Extensión frontal intensa modificada
El árbol modificada
El guerrero I modificada
El guerrero III modificada
Invertida con apoyo
El niño modificada
Apertura de piernas modificada

Calmar:
Mula bandha
Ujjayi pranayama
Postura de relajación apoyada con meditación de observación

Asanas de Yoga suave

EL MUÑECO DE TRAPO SENTADO
(UTTANASANA MODIFICADA)

Efectos: estira la espalda, tonifica los abdominales, calma los nervios y tranquiliza la mente. Cuando haya acumulado fuerza practique *Extensión frontal intensa modificada* (p. 140)

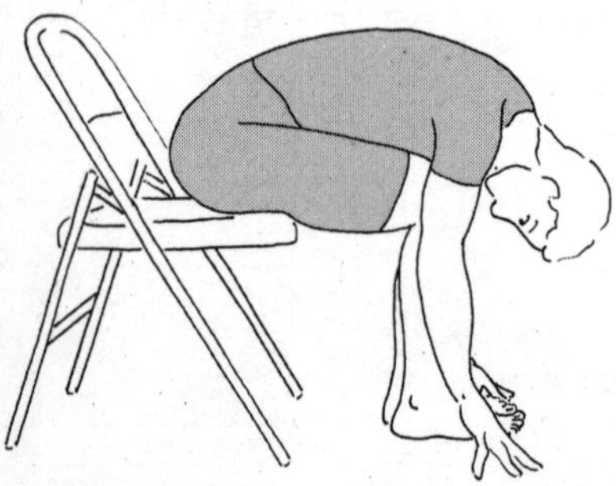

Cómo hacerlo:

1. Siéntese en una silla, con las piernas juntas y la planta de los pies apoyada en el suelo.
2. Inspire. Espire, inclinando los hombros y la columna hacia delante, vértebra a vértebra. Baje la frente hasta las rodillas, descansando el pecho sobre los muslos mientras los brazos cuelgan al lado de las piernas. Sienta estirarse los músculos de la espalda y los hombros mientras se relaja durante 3 respiraciones.
3. Descanse las manos sobre las rodillas y desenróllese lentamente, vértebra a vértebra, levantando la cabeza en último lugar. Repítalo

LA RUEDA SENTADA
(CHRAKRASANA MODIFICADA)

Efectos: aumenta la flexibilidad vertebral, mejora la respiración, tonifica los órganos internos y mejora la postura.

Cómo hacerlo:

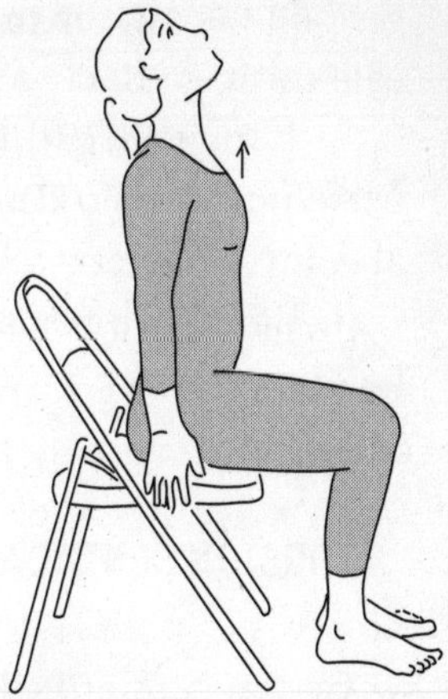

1. Siéntese derecho en el borde de una silla con la planta de los pies apoyada en el suelo, las manos descansando en los reposabrazos o ligeramente sobre el asiento de la silla.

2. Inspire y arquéese, levantando el esternón. Levante la barbilla y mire hacia arriba. No se haga crujir el cuello al levantar la barbilla; eche la cabeza hacia atrás sólo tanto como pueda soportar. Mantenga la postura durante 3 respiraciones.

3. Suelte y adopte una posición sentada.

BALANCEO SENTADO
(NITAMBASANA MODIFICADA)

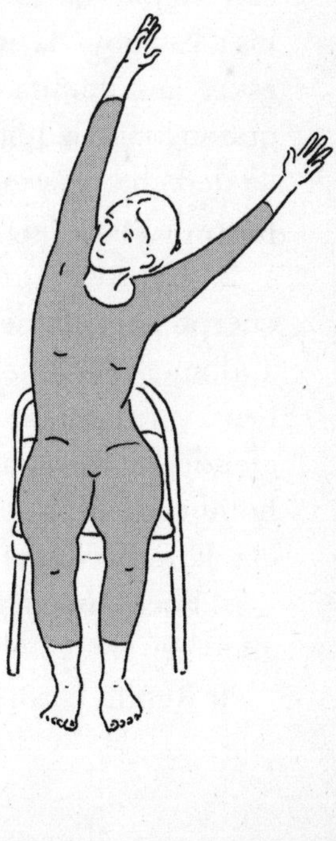

Efectos: relaja la tensión y fatiga en la parte superior del cuerpo. Se trata de una versión simplificada de *Flexión lateral* (p. 60) y ayuda a aliviar la tirantez de la región lumbar de la espalda.

Cómo hacerlo:

1. Siéntese bien derecho en una silla con la planta de los pies sobre el suelo. Inspire, levante los brazos por detrás de las orejas, con las pal-

mas de las manos mirándose entre sí. Estire el torso y la caja torácica hacia arriba.

2. Espire, estire hacia la derecha. Meta el abdomen. Mire por debajo del brazo izquierdo. Inspire al regresar al centro. Repetir a la izquierda.

3. Baje los brazos y retorne a una postura sentada relajada.

TORSIÓN SENTADA *(BHARADVAJASANA MODIFICADA)*

Efectos: aumenta la flexibilidad en la columna vertebral y el cuello, y libera la tensión y fatiga de los músculos de la espalda.

Cómo hacerlo:

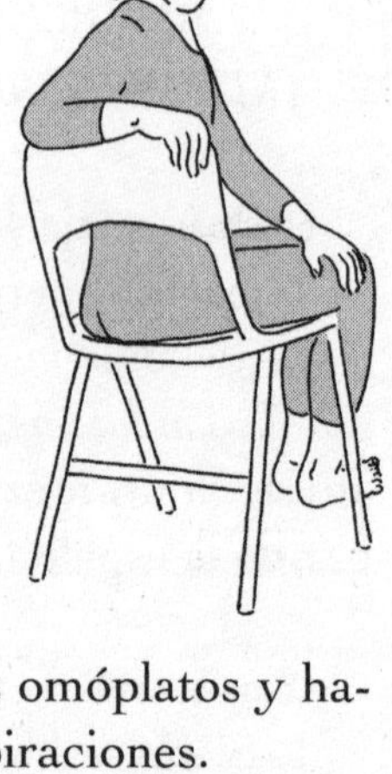

1. Siéntese derecho en una silla, con las piernas juntas y la planta de los pies apoyada en el suelo. Inspire, estire la columna vertebral, y coloque su mano izquierda sobre la rodilla derecha, y la mano derecha en la parte de atrás del respaldo de la silla.

2. Espire y gire lentamente el cuerpo hacia la derecha, primero el abdomen, luego el pecho, los hombros y finalmente la cabeza, dirigiendo la mirada por encima del hombro derecho. Mantenga caídos los omóplatos y hacia dentro. Mantenga la postura 3 respiraciones.

3. Poco a poco regrese hacia el centro, empezando con el abdomen, luego el pecho, el hombro, la cabeza y los ojos.

4. Repita la torsión hacia la izquierda.

EL TRIÁNGULO SENTADO (*TRIKONASANA MODIFICADA*)

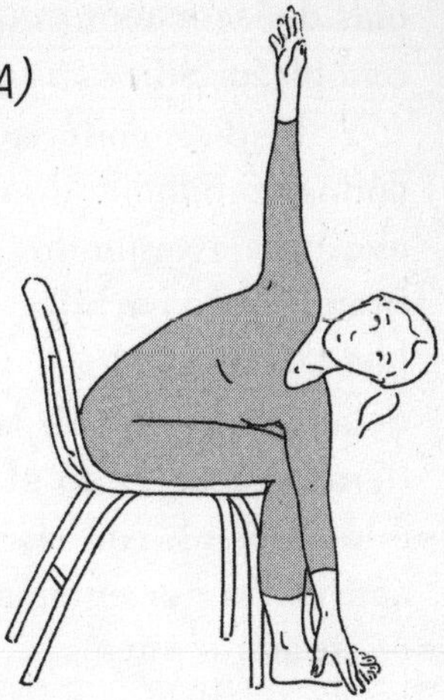

Efectos: estira y tonifica los músculos de la espalda, los brazos y las costillas. Se trata de una versión simplificada de *El triángulo* (p. 82).

Cómo hacerlo:

1. Siéntese derecho en una silla con las piernas juntas y la planta de los pies plana sobre el suelo. Inspire y levante los brazos conformando una T.
2. Espire, gire y lleve su mano derecha junto al pie izquierdo en el suelo. Levante la mano izquierda hacia el techo y mire hacia arriba. Mantenga durante 3 respiraciones.
3. Regrese a una postura sentada erguida.
4. Repetir a la izquierda.

EXPANDIR EL PECHO SENTADO

Efectos: abre el pecho, alivia tensión y rigidez en la espalda, el cuello y los hombros, y mejora la postura. Se trata de una versión simplificada de *Expandir el pecho* (p. 34).

Cómo hacerlo:

1. Siéntese en el borde de la silla con las piernas juntas, la planta de los pies en contacto con el suelo y la espalda derecha. Agárrese las manos por detrás de la es-

palda y constriña suavemente los omóplatos entre sí.

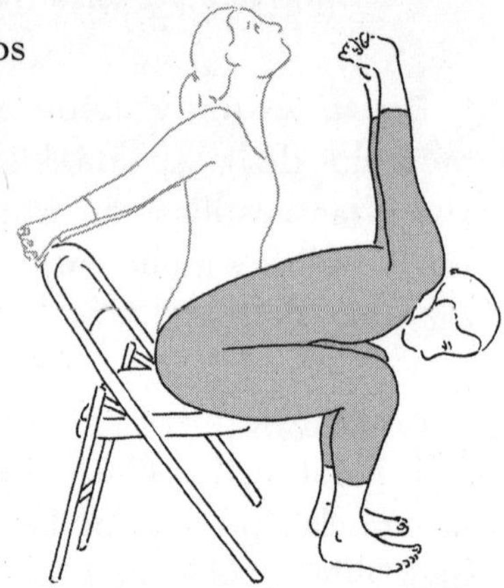

2. Inspire, enderezando los codos, expandiendo el pecho y levantando los brazos y la barbilla. Espire, inclinándose hacia delante a partir de las caderas y acercando el pecho a los muslos, con las manos agarradas por encima de la cabeza.

3. Inspire, incorpórese lentamente, adoptando una postura sentada y derecha, y descanse las manos agarradas en el respaldo de la silla. Si sus manos no pueden alcanzar la parte superior del respaldo, entonces agárrese a los lados del respaldo. Espire, constriñendo suavemente los omóplatos entre sí, levantando la barbilla y dejando caer la cabeza hacia atrás. Mantenga durante 2 respiraciones.

4. Espire, suelte las manos y regrese a una postura sentada relajada. Repita.

EXTENSIÓN FRONTAL INTENSA MODIFICADA
(PRASARITA PADA UTTANASANA MODIFICADA)

Efectos: ejecutada con un bloque, esta postura ayuda a relajar y estirar las caderas agarrotadas, los tendones de la corva y los abdominales, así como a prevenir la tensión de la región lumbar. Utilice para ello un bloque de tamaño apropiado o cualquier apoyo similar que conven-

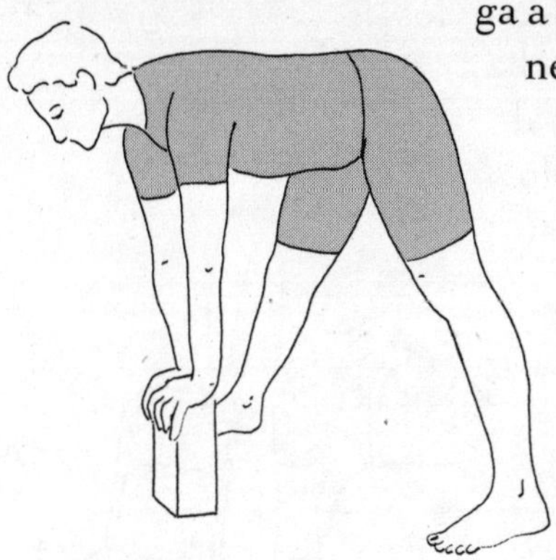

ga a sus necesidades o limitaciones de flexibilidad. Al ir adquiriendo fuerza y flexibilidad, sustituya el bloque por un libro, hasta que pueda llegar fácilmente al suelo con las manos.

Cómo hacerlo:

1. Coloque el bloque unos 30 cm por delante de usted, entre las piernas separadas (los pies deben mantener una distancia entre sí de entre 90 cm y 1,20 m).
2. Inspire, luego espire, inclinándose hacia delante desde las caderas y depositando las manos en el bloque. Meta el abdomen.
3. Descanse en esa postura durante entre 6 y 8 respiraciones.
4. Recupere la verticalidad, metiendo los abdominales.

EL ÁRBOL MODIFICADA (*VRKSASANA MODIFICADA*)

Efectos: mejora el equilibrio, refuerza las piernas y aumenta la flexibilidad en caderas e ingle. Un cinturón o correa le ayudará a evitar que el pie le resbale y a mantener las caderas abiertas. Al ir cobrando fuerza y aumentar el equilibrio y la confianza, puede practicar sin el cinturón y hacerlo junto a una pared o silla para contar con apoyo suplementario.

Cómo hacerlo:

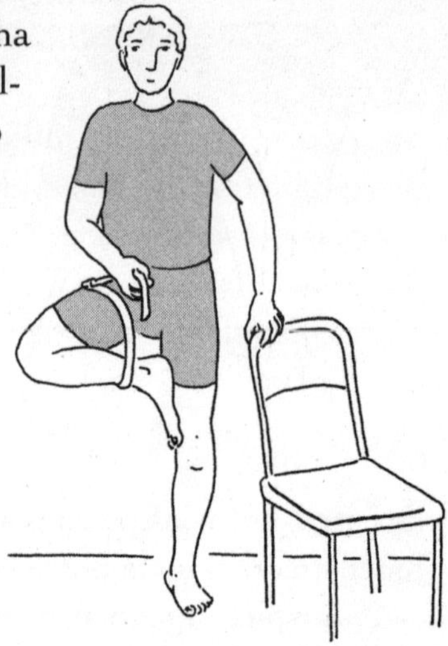

1. Flexione la pierna derecha y átese un cinturón o correa alrededor del muslo y el tobillo derechos, sosteniendo el extremo del cinturón con la mano derecha. Con la mano izquierda agárrese a una silla o apóyese en la pared. Coloque la planta del pie derecho en la parte superior de la cara interna del muslo izquierdo, situando el pie todo lo arriba de la pierna posible. Empuje la rodilla derecha hacia atrás, intentando alinearla con la cadera derecha.
2. Mire un punto en el suelo, pero mantenga los ojos entreabiertos. Respire con suavidad.
3. Una vez que pueda mantener el equilibrio, levante la mano izquierda unos cuantos centímetros de la silla. Mantenga la postura durante 3 o 4 respiraciones. No abandone, aunque se tambalee o vacile. Si así fuese, apóyese en la silla o la pared para recuperar el equilibrio antes de volver a intentarlo.
4. Baje lentamente el pie derecho, permitiendo que la correa deje resbalar la pierna (controle el movimiento). Permanezca de pie, con ambos pies firmemente enraizados.
5. Repita del otro lado.

EL GUERRERO I MODIFICADA
(*VIRABHADRASANA I MODIFICADA*)

Efectos: mejora el equilibrio y la energía, refuerza las piernas y tonifica las caderas. Tal y como implica su nombre, se trata de una postura de poder y fuerza. Cuando se sienta cómodo y fuerte ejecutando *El guerrero I* sin la ayuda de una pared, pase a practicar *El guerrero II* (p. 71) y luego *El guerrero III modificada* (p. 144).

Cómo hacerlo:

1. Ponga las manos en la pared a una distancia similar a la existente entre los hombros y un poco por encima de la altura de éstos. Permanezca de pie, con los pies separados entre 1 y 1,2 m, con el pie izquierdo mirando hacia delante y los dedos tocando la pared y el derecho girado hacia fuera.
2. Flexione la pierna izquierda hasta que casi forme un ángulo recto. La pierna derecha está recta. Mueva las caderas para que miren hacia la pared. Empuje los omóplatos hacia abajo a la vez que empuja la pared con las manos.
3. Inspire y enderece la pierna izquierda, manteniendo las manos contra la pared. Espire y flexione la pierna izquierda. Repita 2 veces.
4. Repita la postura del otro lado. Cuando deje de ne-

cesitar el apoyo de la pared, levante ambos brazos por encima de la cabeza con las palmas de las manos mirándose entre sí.

EL GUERRERO III MODIFICADA
(VIRABHADRASANA III MODIFICADA)

Efectos: mejora el equilibrio y el vigor, refuerza las piernas y tonifica las caderas y los abdominales.

Cómo hacerlo:

1. Permanezca de pie con las piernas muy juntas, en la postura de *La montaña* (p. 32), a medio metro de la pared. Inclínese hacia delante y coloque ambas manos sobre la pared, por encima de los hombros, manteniendo una distancia entre sí similar a la existente entre los

hombros. Apriete los omóplatos hacia abajo mientras empuja la pared con las manos.

2. Espire y levante lentamente la pierna izquierda por detrás. Estire la pierna izquierda tirando hacia fuera a través del talón. Mantenga estirada la pierna derecha y bien enraizada en el suelo. Mire un punto en el suelo, pero mantenga los ojos entreabiertos. Respire lentamente.

3. Regrese a la postura de *La montaña*. Repita, levantando la pierna contraria. Al ir adquiriendo fuerza y confianza dejará de necesitar la pared para mantener el equilibrio, pudiendo disponer del espacio suficiente para estirar ambos brazos por delante sin tocar la pared. Mire las manos estiradas.

INVERTIDA CON APOYO (*VIPARITA KARANI MODIFICADA*)

Efectos: es una manera segura y sencilla de aprovechar todos los beneficios de una postura invertida. Mejora la circulación en la parte superior del cuerpo y el cerebro, calmando la mente. Cuando se adquiera más fuerza, flexibilidad y confianza, pasar a *La vela con apoyo en la pared* y *La postura de tranquilidad*.

Cómo hacerlo:

1. Siéntese en el suelo junto a la pared, con un hombro todo lo cerca de la pared como le resulte posible. Las rodillas están flexionadas.

2. Gire y lleve ambas piernas contra la pared, apoyándolas a lo largo, mientras usted queda tendido de espaldas en el suelo. Estire las piernas sobre la pared y los

brazos a los lados, manteniendo las nalgas en contacto con la pared. Respire con comodidad y permanezca en esta postura durante 1 minuto.

3. Si tiene tiesos y rígidos los tendones de la corva, flexione un poco las rodillas. Si siente incomodidad en la región lumbar de la espalda, los hombros o el cuello, coloque una manta o toalla doblada debajo.

4. Salga de la postura flexionando las rodillas, volviéndose hacia un lado y sentándose poco a poco.

EL NIÑO MODIFICADA
(SALAMBA BALASANA MODIFICADA)

Efectos: intente esta descansada postura tras las flexiones hacia atrás y posturas invertidas. La postura de *El niño modificada* proporciona una profunda relajación y alivia la tensión de la espalda y la fatiga.

Cómo hacerlo:

1. Arrodíllese frente a un cabezal (cojín cilíndrico) o unas mantas dobladas. Mantenga las rodillas muy separadas, con los dedos gordos de los pies en contacto. Coloque el cabezal entre los muslos. Si le resulta incómodo sentarse sobre los tobillos, coloque una almohada bajo los tobillos y pies.

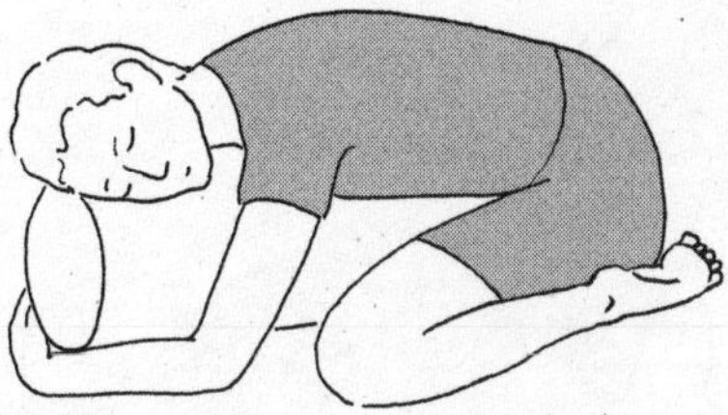

2. Inspire. Luego espire poco a poco e inclínese hacia delante, bajando el torso para descansar en el cabezal. Relaje los brazos alrededor de éste. Gire la cabeza a un lado. Relájese profundamente. Respire con naturalidad.

3. Descanse tanto como le sea necesario.

APERTURA DE PIERNAS MODIFICADA
(SUPTA PADANGUSTHASANA MODIFICADA)

Efectos: aumenta la flexibilidad y fuerza de los tendones de la corva y las piernas, y ayuda a relajar la tirantez en la espalda.

Cómo hacerlo:

1. Tiéndase de espaldas con ambas rodillas flexionadas, las plantas de los pies sobre el suelo. Pase un cinturón o correa alrededor de la región tenar del pie derecho.

2. Inspire y estire la pierna derecha hacia el techo. Espire basculando la pelvis. Si no puede estirar la pierna

derecha por completo, manténgala flexionada, de manera que los isquiones (los huesos que pueden percibirse en las nalgas) caigan hacia el suelo.

3. Inspire y flexione la pierna derecha. Espire y estire de nuevo la pierna derecha, hasta el punto máximo en que pueda estirarse cómodamente. Acérquese la pierna derecha al rostro, aplicando una cierta fuerza con la correa. Mantenga durante 2 o 3 respiraciones.

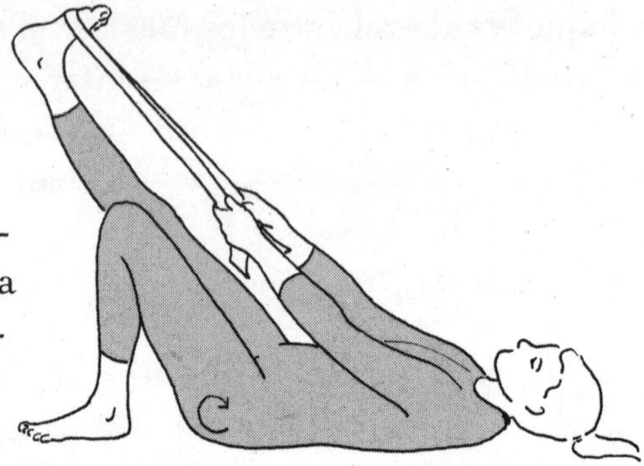

4. Al ir ganando flexibilidad, mantenga la pierna derecha estirada y enderece la izquierda, presionando la cara posterior de la pierna contra el suelo. Empuje con los talones de ambos pies. Devuelva la pierna derecha al suelo.

5. Repita con el otro lado. Una vez que haya conseguido establecer esta postura básica, practique sin la correa, colocando ambas manos alrededor del muslo, la espinilla o el tobillo.

LA PINZA MODIFICADA
(*JANU SIRSASANA MODIFICADA*)

Efectos: aumenta la flexibilidad y la fuerza de la columna vertebral, las caderas y las piernas, y tonifica el abdomen y los órganos abdominales. Al ir adquiriendo flexibilidad podrá prescindir del cinturón y la manta y poco a poco pasar a *Flexión sentada hacia delante* (p. 98).

Cómo hacerlo:

1. Siéntese en el suelo, con una manta doblada bajo las caderas y las piernas estiradas por delante. Flexione la pierna derecha y descanse la planta del pie derecho sobre la ingle izquierda. Pase una correa o cinturón alrededor de la zona tenar del pie izquierdo.
2. Inspire y alargue el torso, tirando desde la cintura y permitiendo que el esternón suba. Empuje los omóplatos hacia abajo.
3. Espire e inclínese hacia delante, empezando con el esternón y girando a la izquierda a fin de centrar el torso por encima de la pierna izquierda estirada. Permita que la pelvis gire hacia delante con la columna en línea recta. No curve la región dorsal al inclinarse hacia delante. Si siente dolor o nota incomodidad en la espalda o la pierna, flexione la pierna izquierda todo lo necesario para aliviarlo. Nunca se fuerce.

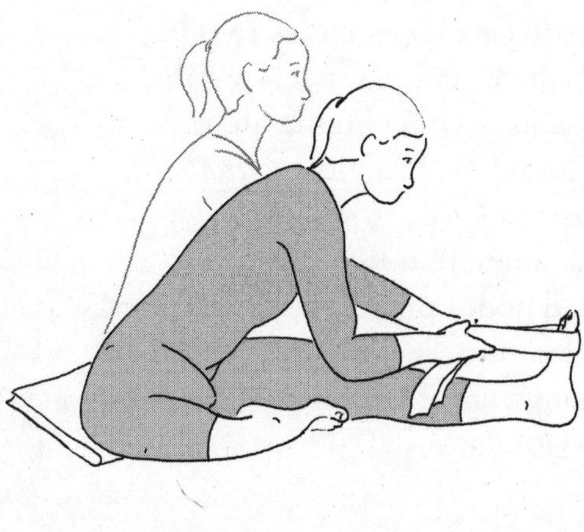

4. Inspire y alargue la columna, estirando el torso hacia delante. Espire y estírese hasta el tope, el punto más allá del que se sentiría incómodo. Mantenga la postura entre 2 y 3 respiraciones.

5. Inspire e incorpórese poco a poco. Repita del otro lado.

LA POSTURA FÁCIL *(SUKHASANA)*

Efectos: esta descansada postura aumenta la flexibilidad en las caderas, piernas y tobillos. Se utilizan en la meditación y para cultivar la calma.

Cómo hacerlo:

1. Siéntese en el suelo, en el borde de una manta doblada para apoyar las caderas. Cruce las piernas. Siéntese con la espalda derecha. Las rodillas deben estar más bajas que la parte superior de la pelvis. Si tiene los hombros caídos, o si las rodillas están más altas que la pelvis, añada otra manta.

2. Repose las manos en las rodillas, con las palmas vueltas hacia arriba. Cierre los ojos y concentre la atención en la respiración. Practique *Meditación de observación* (p. 36).

3. Al ir aumentando su flexibilidad podrá prescindir de la manta y sentarse directamente en el suelo, sobre los isquiones.

POSTURA DE RELAJACIÓN APOYADA (*SAVASANA APOYADA*)

Efectos: aumenta la efectividad de las posturas, calma la mente y el sistema nervioso, y ayuda a aliviar el insomnio. Finalice su práctica yóguica de tonificación con esta postura o con la *Relajación sentada* que aparece después.

Cómo hacerlo:

1. Tiéndase de espaldas sobre una estera con una manta doblada bajo la cabeza y el cuello. Tal vez quiera colocar una manta doblada adicional o dos por debajo de la espalda.

2. Separe los pies conservando una distancia cómoda. Las manos deben reposar a los lados, con las palmas hacia arriba. Baje los hombros, separándolos de las orejas y comprima ligeramente los omóplatos entre sí. Si se siente incómodo, flexione las rodillas todo lo que necesite, a fin de aliviar el dolor o la incomodidad. Puede que se sienta más cómodo con una manta doblada o una almohada bajo las rodillas.

3. Inspire. Espire, contrayendo las nalgas y empujando la curva de la región lumbar. Suelte y relaje por completo.

4. Relaje todas las partes del cuerpo. Empiece concentrando su atención en los pies y los dedos de los pies. Inspire y sugiera a sus pies y dedos que se relajen. Espi-

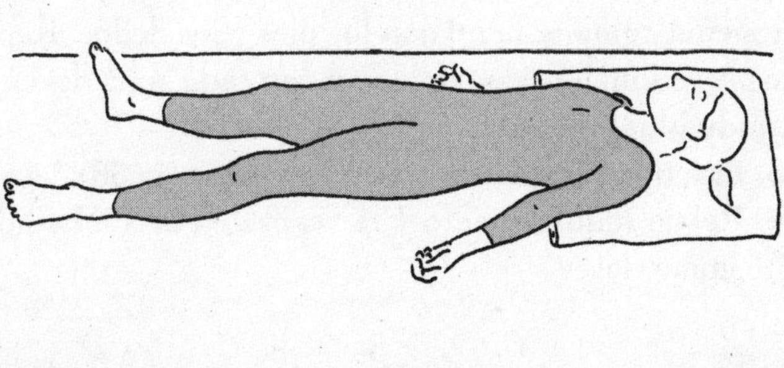

re y sienta como se le relajan los pies y los dedos. Repita este procedimiento de relajación con cada zona del cuerpo, individualmente.

5. Practique la *Meditación de observación* yóguica (véase p. 36).

6. Relaje todo esfuerzo y descanse en la inmovilidad tanto como desee.

RELAJACIÓN SENTADA *(SAVASANA MODIFICADA)*

Efectos: finalice siempre su práctica yóguica con una postura de *Relajación*. Así aumentará la efectividad de todo lo realizado. Calma la mente y el sistema nervioso y ayuda a aliviar el insomnio. Esta postura es una versión sentada de la postura de *Relajación apoyada*, que se realiza tendido en el suelo.

Cómo hacerlo:

1. Siéntese cómodamente en una silla, con las piernas juntas y la planta de los pies apoyada en el suelo. El cuello y la cabeza deberán estar alineados con su columna vertebral. Cierre los ojos y descanse las manos en el regazo. Respire por la nariz, tranquilo y relajado.
2. Relaje todas las partes del cuerpo. Empiece concentrando su atención en los pies y los dedos de los pies. Inspire y sugiera a sus pies y dedos que se relajen. Espire y sienta cómo se le relajan los pies y los dedos. Repita este procedimiento de relajación con cada zona del cuerpo, individualmente.
3. Practique la *Meditación de observación* (p. 36).
4. Relaje todo esfuerzo y descanse en la inmovilidad tanto como desee.

Capítulo 7

Alimentación yóguica

Guerra a la gordura

Desde el método Atkins hasta la Zona, del Blood Type a Sugar Busters, existen más dietas en el mercado que calorías en una hamburguesa. Cada día, millones de estadounidenses intentan perder peso, y la mayoría de los kilos que pierden los vuelven a ganar rápidamente. Cuando uno se harta de todas las dietas de moda, como acaba pasando inevitablemente, ¿cómo se puede mantener la pérdida de peso que se ha obtenido? Y lo que es más importante, con todo el alboroto de teorías contradictorias, ¿cómo saber elegir el mejor plan de alimentación para el cuerpo y que colme sus necesidades?

En las tradiciones holísticas orientales y occidentales pueden hallarse respuestas simples; entre ellas está practicar yoga y añadir prácticas de ayurveda y de las cocinas más sanas del mundo. Como las dietas de moda resultan, por naturaleza, un fracaso a la larga, ¿por qué no intentar un control del peso a partir de una perspectiva holística que incluya mente, cuerpo y espíritu? Al equilibrar la ingesta de alimentos, la práctica de ejercicio y la meditación, se deshará de kilos a la vez que enriquece su mente. Conseguirá perder kilos a la vez que disfrutará de una maravillosa y saludable alimentación, así como de una salud estupenda.

Las dietas más sanas del mundo

Las dietas más sanas del mundo, incluyendo la vegetariana, la mediterránea y la asiática, comparten algunos componentes importantes que contribuyen a perder peso y a mantener esa pérdida.

CONTROLAR LAS PORCIONES

La manera más saludable de alcanzar y mantener el peso ideal es ingerir porciones más pequeñas de toda una variedad de alimentos sanos. Al incluir más cereales integrales, legumbres, verduras, hierbas y especias, así como reducir el consumo de carnes, disfrutará de las comidas sin sentir carencias.

Para hacerse una idea de las porciones correctas, tenga en cuenta que las raciones recomendadas de 110 g de pollo y de 85 g de pescado son del tamaño de una baraja de cartas, $^{1}/_{2}$ taza de cereales integrales ricos en fibra tiene el tamaño de una pelota de golf, y 1 taza de verduras el de una de tenis.

COMER CONSCIENTEMENTE

El ayurveda, la filosofía del yoga y la dieta asiática respaldan una práctica consciente de la alimentación a fin de gozar de una salud óptima. Practique la atención total mientras come; saboree la apariencia, el aroma y el sabor de sus alimentos, de manera que se sienta verdaderamente satisfecho. Coma lentamente, en un entorno tranquilo y sereno, sin una televisión vociferante o un ordenador delante. Ese tipo de distracciones suelen conseguir que las personas sean totalmente inconscientes de que comen demasiado y demasiado deprisa.

El ayurveda denomina *rasa* —o el «jugo» de un objeto— a la naturaleza esencial de las cosas. Explore el rasa de sus alimentos a través de los cinco sentidos. ¿Le proporciona la comida alguna satisfacción tras ingerirla? Puede que se haya fijado en los conservantes y aromatizantes artificiales de su comida basura favorita y haya comprendido que no era tan deliciosa como había pensado hasta entonces. Algo de fruta fresca y madura puede resultar mucho más atractiva para sus sentidos despiertos.

COMER MENOS CARNE

En las dietas más sanas del mundo, se utilizan 30 o 60 g de aves de corral por persona varias veces a la semana y las carnes rojas también se incluyen, como condimentos, aunque sólo unas pocas veces al mes. Esta restricción de la carne proviene de la escasez de la misma en esas culturas globales, pero ha tenido el resultado de hacer descender netamente las grasas saturadas en sus dietas. La carne —en pequeñas cantidades— se utiliza para dar sabor a los platos de verduras, legumbres y cereales. El pescado se consume en porciones moderadas, semanalmente.

INCLUIR HIERBAS Y ESPECIAS SIN GRASA

En lugar de depender de la mantequilla y de otros aderezos ricos en grasa para aromatizar los alimentos, experimente con condimentos sin grasas, con hierbas y especias. Pruebe con condimentos internacionales como la salsa de soja, la salsa de pescado, el miso (pasta de soja fermentada japonesa), vinagre de arroz, vinagre balsámico y salsa de judías pintas. Experimente con varias hierbas frescas y especias, como jengibre, ajo, hierba de limón, albahaca, orégano, tomillo, romero, chile, canela, cúrcuma, azafrán y la combinación «cinco especias» asiática (una mezcla de granos de pimienta de Sichuan, semillas de hinojo, anís estrellado, canela y clavos de olor).

UTILIZAR PRODUCTOS LÁCTEOS DE MANERA JUICIOSA

La leche y otros productos lácteos han formado parte integral de la cocina global durante milenios. La leche y la vaca sagrada gozan de un importante estatus en la cultura índica y yóguica; y la leche, el yogur y el *ghee* (mantequilla clarificada) son parte esencial de una dieta sáttvica. Los yoguis también creen que alimentarse con ese tipo de productos lácteos refuerza la meditación profunda. Hay estudios que han demostrado que el aminoácido triptófano, que se encuentra en la leche (entre los alimentos proteínicos), fomenta una sensación de calma y relajación. La leche también es una excelente fuente de calcio (una porción de 225 g de leche con el 2 % de grasa cuenta con 135 mg de calcio), además de otras vitaminas y minerales. Como fuente de proteínas, la leche semidescremada puede convertirse en una saludable alternativa a la carne.

No obstante, existe mucho debate acerca de la calidad de los productos lácteos. La leche de vaca y otros productos lácteos no biológicos contienen antibióticos, hormonas sintéticas y pesticidas, todo lo cual puede tener peligrosos efectos sobre la salud. Además, las grasas saturadas y el colesterol que hay en la leche entera y en los lácteos con toda la grasa aumenta el riesgo de enfermedades cardíacas. La mejor alternativa es elegir productos lácteos biológicos no grasos y semidescremados. Las dietas más sanas del mundo recomiendan que los alimentos lácteos se consuman en pequeñas cantidades, preferiblemente 1 taza diaria. Muchos expertos consideran que esas recomendaciones y restricciones son cruciales para controlar la obesidad y mantener un peso ideal.

Puede que también quiera probar con sabrosas alternativas, como las bebidas y alimentos a base de soja, arroz y otros cereales. Otros de los sustitutos que pueden disfrutarse son los productos lácteos de oveja y cabra, como el queso de cabra y el yogur de leche de cabra desnatada.

Pierda peso con el ayurveda

Su programa de pérdida de peso no tiene por qué convertirse en un austero régimen de rebajar calorías y practicar ejercicio una hora al día para perder ese medio kilo semanal. En lugar de ello, intente adoptar el ayurveda, el antiguo sistema de sanación índico para la mente, el cuerpo y el espíritu. El ayurveda, o «ciencia de la vida», ofrece un programa holístico para alcanzar una salud perfecta y un peso ideal, equilibrando todos los elementos de la vida. El ayurveda, un sistema de salud de cinco mil años de antigüedad, considera el exceso de peso, u obesidad, como una señal de desequilibrio corporal. El objetivo de la medicina ayurvédica es alcanzar una salud y un equilibrio mental, corporal y espiritual perfectos, a través de una adecuada alimentación, la práctica de ejercicio y la meditación. Devolver el equilibrio ayurvédico es la manera de perder el exceso de peso. El primer paso es corregir cualquier problema digestivo. A continuación, el ayurveda nos guía a través de la elección apropiada de alimentos, bebidas y hierbas que mejorarán la eficacia metabólica.

El ayurveda se basa en la teoría de los tres *doshas*, o tipos psicofísicos, que cuentan con su propio conjunto de características físicas, mentales y emocionales. Los tres doshas son *vata* (aire), *pitta* (fuego) y *kapha* (tierra). Todas las personas y cosas poseen elementos de cada dosha, pero en el cuerpo y en el comportamiento pueden predominar uno o más doshas. Por ejemplo, se puede ser vata-pitta, o pitta-kapha, o vata-kapha. La combinación única y personal de doshas es el tipo de constitución, o *prakruti*, que establece la estructura física, mental y emocional. Una forma de lograr el equilibrio y el peso ideal a través del ayurveda es identificar el dosha y luego realizar los ajustes oportunos en la dieta, la práctica yóguica y el estilo de vida.

¿Cuál es su dosha?

Para determinar qué dosha es el que predomina en su cuerpo, señale las características individuales (en la lista que aparece a continuación) en las que encaja. La categoría con más marcas indicará su dosha. Si cuenta casi con el mismo número de marcas en dos o más categorías, entonces querrá decir que su tipo corporal es una mezcla de dos o tres doshas. La lista de características sólo proporciona una indicación preliminar acerca del dosha. Para determinar el dosha del tipo corporal de manera precisa lo mejor es acudir a un médico ayurvédico.

TIPO CORPORAL: VATA

Características físicas: delgado, nada huesudo, de constitución angulosa; le cuesta ganar peso; piel y cabello secos; come y duerme de manera errática; manos y pies fríos; proporción baja entre músculo y grasa; la grasa se acumula por debajo del ombligo (tendente a tener barriga en una figura delgada).

Características mentales: mente rápida; inquietud; crea y aprende rápido; olvida con facilidad; entusiasta; imaginativo; vivaz.

Características emocionales: tendente a la ansiedad, a preocuparse, a los cambios de humor y a los desórdenes nerviosos.

Dieta: se beneficia de los alimentos de la tierra, como cereales y aceites.

TIPO CORPORAL: PITTA

Características físicas: de tamaño medio y constitución atlética; bien proporcionado; rubio, pelirrojo o con el cabello prematuramente gris; tez clara o pecosa; piel caliente, rojiza, sudorosa; vigoroso; apetito voraz y tendencia a comer en exceso; tiende a tener calor; duerme bien; come deprisa; propenso a desarrollar úlceras; gana y pierde peso con facilidad; su gordura tiene forma de manzana.

Características mentales: confiado, apasionado, articulado, valiente, inteligente, ambicioso.

Características emocionales: exigente, irritable, impaciente, irascible.

Dieta: se beneficia de los alimentos refrescantes, como las ensaladas y la fruta dulce.

TIPO CORPORAL: KAPHA

Características físicas: grande, fornido; hombros anchos; pecho voluptuoso y amplio; gana peso con facilidad y le cuesta perderlo; piel húmeda y gruesa, cabello lustroso; dificultades con la digestión; tendente a las enfermedades respiratorias; vigor excelente; necesita dormir más que vata o pitta; come poco a poco; su gordura tiene forma de pera.

Características mentales: compasivo, afectuoso, relajado, lento y grácil, difícil de enfadar, tranquilo, tolerante, de confianza.

Características emocionales: letargia, desidia, depresión.

Dieta: se beneficia de comer alimentos calientes y energetizantes, como la pimienta de Cayena y otras especies picantes.

Los tres gunas alimenticios

El principio ayurvédico de los tres *gunas* —*sattva*, *rajas* y *tamas*— describe los componentes básicos que se hallan en la naturaleza. Estas tres fuerzas existen en infinitas combinaciones en el universo.

- *Sattva* es el principio de pureza y la fuerza equilibradora que armoniza lo positivo y lo negativo.
- *Rajas* es el principio de actividad y la fuerza positiva que inicia los cambios.
- *Tamas* es el principio de inactividad y la fuerza negativa que apoya la actividad previa.

El enfoque ayurvédico y yóguico de la nutrición está tradicionalmente dividido en estos tres gunas.

Los alimentos sáttvicos son puros y vigorizantes, y favorecen la salud, la vitalidad, la fuerza, la serenidad y la relajación. Esos alimentos se cultivan biológicamente, libres de aditivos y conservantes, y no son procesados. Entre ellos están la fruta fresca y los zumos recién exprimidos, verduras y hierbas, cereales integrales, frutos secos y semillas, guisantes, alubias, lentejas, lácteos, y edulcorantes naturales como la miel y la melaza.

Los alimentos rajásicos son superestimulantes y favorecen el exceso de energía, la agitación, el descontento y la enfermedad. Son alimentos sazonados, amargos, salados, acerbos, picantes y secos. Incluyen todas las carnes, todo el pescado, huevos, chiles, la mayoría de las especias, y el café, el té y otras bebidas con cafeína y teína.

Los alimentos tamásicos son rancios, viejos, pasados, impuros, podridos, muy procesados, llenos de aditivos y conservantes, y son adictivos. Estos alimentos embotan la mente y favorecen los hartazgos, la adicción, la inactividad, la pereza y la letargia. Incluyen el tabaco, las drogas, las frutas y verduras marchitas y pasadas, los champiñones y los alimentos procesados, empaquetados, las conservas o la comida frita en aceite abundante.

Los yoguis comen sobre todo alimentos sáttvicos, que facilitan la circulación de la fuerza vital en el cuerpo. Limitan el uso de los alimentos rajásicos y tamásicos, o los eliminan siempre que pueden. No todos los yoguis son vegetarianos, pero quienes consumen carne lo hacen con moderación. Los yoguis consideran que la carne cuenta con una vibración de baja intensidad de fuerza vital y que sus toxinas inherentes reducen la vitalidad de quien la consume. Creen que las frutas y verduras frescas y biológicas poseen la vibración vital más elevada de todos los alimentos.

Los yoguis también creen que el cómo y el cuándo se come es tan importante como el qué. A fin de extraer todos los nutrientes de los alimentos y eliminar las toxinas, comen lentamente y con atención, y no combinan el comer con otras actividades, como ver la televisión. Observan *mitahara,* o moderación en todas las cosas, y no comen damasiado ni demasiado a menudo. Los yoguis sólo comen cuando están realmente hambrientos, no cuando están aburridos o disgustados, y limitan la comida para que se ajuste al apetito que tienen. Consumen la comida más abundante al mediodía, cuando los fuegos digestivos son más intensos.

Dieta reductora de kapha

Padecer exceso de peso suele indicar un desequilibrio en kapha, pero también puede ser resultado del desequilibrio de pitta o vata. Las personas con un dosha kapha dominante tienden a ganar peso con facilidad pero a perderlo con dificultad. En muchos casos padecen exceso de peso porque sus metabolismos (fuego digestivo, o *agni)* son pesados. Un programa ayurvédico de adelgazamiento incluye práctica yóguica, observar los principios de los tres gunas y mitahara, y reducir los alimentos agravantes de kapha en la dieta, incluyendo la comida pesada, dulce, agria, salada, aceitosa y grasa. Las especias picantes e inductoras de calor son parte de la dieta kapha porque aligeran los fuegos de la digestión.

Los siguientes son los componentes esenciales de una dieta reductora de kapha.

1. Coma verduras de hoja verde, como espinacas, hojas de remolacha, hojas de diente de león, lechuga, nabos, col, y fruta fresca, como manzanas, peras, cerezas y bayas.
2. Evite todos los lácteos excepto la leche desnatada o semidesnatada.
3. Limite o elimine las carnes rojas. En su lugar consuma pavo sin piel o pechuga de pollo,
4. Consuma cereales integrales como maíz, cebada y arroz basmati, así como legumbres tipo judías, garbanzos y lentejas.
5. No consuma trigo, frutos secos, ni las comidas dulces, amargas, saladas, aceitosas o grasas, o alimentos preparados o refinados.
6. Elimine las frutas dulces y jugosas, como la piña, la sandía y la papaya.

7. Beba líquidos calientes como infusiones o agua caliente endulzada con miel y limón. Evite las bebidas frías, incluyendo las alcohólicas y las carbónicas azucaradas.

8. Evite alimentos confeccionados con azúcar refinado. Utilice miel como edulcorante.

9. Incluya en las comidas especias fuertes y calentadoras, como el jengibre, la pimienta negra, la pimienta de Cayena, la cúrcuma, el comino, el cilantro, el hinojo y la canela.

10. Practique ejercicio de manera regular según su dosha (véase «Asanas ayurvédicos», a continuación).

Asanas ayurvédicos

Un programa ayurvédico de adelgazamiento engloba la práctica regular de ejercicio, incluyendo el yoga adecuado para su dosha, así como asanas que equilibren su constitución, o prakruti. De la práctica de *El saludo al sol* (véase Capítulo 3, «Serie Yoga de poder») y de la *Relajación savasana* (páginas 151-152) pueden beneficiarse las personas de todos los doshas.

Las de constitución o de desequilibrio *vata* se benefician de los ejercicios suaves a moderados, incluyendo el caminar, el senderismo y el ciclismo. La mayoría de los asanas yóguicos son tranquilizantes, equilibrantes y enraizantes, y contrapesan la agitada naturaleza de vata. No obstante, los asanas vata deben ejecutarse lentamente y con atención. Por ejemplo, los vinyasas de *El saludo al sol* deben practicarse a ritmo lento y atento. Otros asanas beneficiosos para los vata son: *Flexión hacia delante, Flexión sentada hacia delante, El niño, La postura fácil* y *El arco*.

Las personas de constitución o desequilibrio *pitta* se benefician de los ejercicios moderados, como el jogging, la natación y el ciclismo. Los individuos pitta también se benefician de posturas de yoga tranquilizadoras y calmantes, que contrapesan sus tendencias agresivas. Deben ejecutar los vinyasas de *El saludo al sol* a ritmo moderado y con mínimas repeticiones. Otros asanas beneficiosos para los pitta son: *La cobra* y *El arco*.

Las personas de constitución o desequilibrio *kapha* se benefician de un intenso ejercicio cardiovascular, como correr, aeróbic y patinaje en línea. Los individuos kapha se benefician de la práctica cotidiana de ejercicio, que contrapesa su tendencia hacia la letargia y la obesidad. Deben ejecutar los vinyasas de *El saludo al sol* a ritmo intenso y con muchas repeticiones. Otros asanas beneficiosos para los kapha son: *El puente*, posturas abdominales (véase Capítulo 4) y *El pez*.

Ayunos y panchakarma

A un estilo de vida yóguico se le suele identificar de inmediato con ayunos. Muchos practicantes de yoga y de ayurveda creen que ayunar desintoxica el sistema digestivo y que ayuda a controlar el peso de manera eficaz, a la vez que facilita las curaciones y la inversión del envejecimiento. Ayunar también puede convertirse en una manera de practicar la autodisciplina, de profundizar en la meditación y la espiritualidad, y de aumentar la atención y concentración. Hay estudios que han demostrado que ayunar alivia las migrañas, la artritis reumatoide y las enfermedades de la piel. También ayuda en el tratamiento de la obesidad, los trastornos del colon, las alergias y las enfermedades respiratorias. No obstante, no existen estudios suficientes como para poder confirmar las pretendidas virtudes desintoxicantes del ayunar.

Algunos expertos consideran que ayunar elimina del cuerpo nutrientes esenciales y que no representa una ayuda significativa en la pérdida de peso. Se cree que la mayoría del peso que se pierde durante un ayuno es agua, y que se vuelve a recuperar una vez se finaliza el ayuno. Además de las punzadas de hambre, entre los efectos negativos del ayunar está la bajada de energía, debilidad, dolores de cabeza y náuseas. Ayunar puede no ser recomendable e incluso perjudicial para las mujeres embarazadas y que dan el pecho, los diabéticos, los hipóglucémicos, o aquellos con desórdenes alimenticios, úlceras y otras condiciones.

Existen varios tipos de ayuno. Un ayuno completo, en el que sólo se bebe agua, no es recomendable a menos que sea médicamente supervisado. Un ayuno modificado permite los jugos de fruta y verduras, las infusiones y a veces pequeñas porciones de cereales integrales. Debe limitarse a unos pocos días y llevarse a cabo bajo la supervisión de un profesional médico. El ayuno parcial de un día suele ser el más recomendado, ya que no es probable que cause ningún daño y es tolerado por la mayoría de las personas sanas.

El ayurveda nos presenta el programa de desintoxicación llamado *panchakarma*, que incluye un ayuno parcial y una serie de tratamientos como masaje con aceite de sésamo biológico, aromaterapia, baños de vapor herbal y pastas herbales para desintoxicar el cuerpo. Se consumen los mismos alimentos durante varios días, normalmente una dieta simple a base de judías mung y arroz. Los programas de panchakarma se siguen bajo la supervisión de un médico ayurvédico. Estos programas se ofrecen para grupos en centros ayurvédicos o de yoga.

Controlar los antojos con el ayurveda

¿Se imagina devorando un paquete de patatas fritas? ¿Le apetece un paquetón de su helado favorito? ¿Tiene la sensación de que está dominado por sus antojos? No se preocupe, eso sólo significa que es usted humano. Todos tenemos caprichos de vez en cuando, y para algunos de nosotros, se trata de una lucha cotidiana. No obstante, esos caprichos pueden tener efectos perjudiciales si provocan aumento de peso y un aporte nutritivo bajo.

Los antojos de hidratos de carbono refinados como repostería y chocolates son comunes. Una de las causas más frecuentes de ese tipo de antojos es un nivel bajo de azúcar en sangre. Suele venir causado por una dieta rica en hidratos de carbono refinados. Cuando consumimos demasiados hidratos de carbono refinados —bollería, pan blanco y dulces— el azúcar en sangre sube rápidamente. El páncreas responde a esa tasa elevada de azúcar secretando insulina en exceso, que puede hacer que los niveles de azúcar en sangre bajen en picado, provocando hipoglucemia. Cuando la energía y los niveles de azúcar en sangre caen, suele producirse una urgencia por consumir más hidratos de carbono o bollería industrial.

El estrés también puede contribuir a los antojos. Cuando está estresado, el cuerpo intenta estimular la producción cerebral de serotonina, un neurotransmisor que produce sensaciones de calma y bienestar. Eso a su vez provoca antojos de hidratos de carbono, ingredientes básicos que el cuerpo necesita para fabricar serotonina.

Las personas también tienen antojos de alimentos ricos en proteínas bajo presión: esos alimentos se han asociado con un aumento de la atención, la concentración y el rendimiento. Las mujeres pueden ansiar chocolates y dulces durante los 7 a 10 días antes de sus períodos; una caída de serotonina premenstrual puede dar paso a un aumento del apetito, y especialmente a un antojo de hidratos de carbono.

El tiempo frío también puede estimular el apetito. Son muchas las personas que se descubren comiendo más y ejercitándose menos en esas condiciones. Esa actitud puede resultar problemática, sobre todo si se está luchando por mantener un peso saludable.

Según el ayurveda, los antojos de comida representan un desequilibrio. Los tipos o desequilibrios kapha son atraídos por alimentos parecidos a su propia naturaleza, pesados y dulces. Para ayudar a controlar esos antojos, el ayurveda recomienda incluir seis sabores en todas las comidas: dulce, agrio, salado, amargo, acerbo y astringente; pueden ser inherentes a la elección de los alimentos o añadidos con mezclas de especias ayurvédicas.

Algunos alimentos dulces que pueden incluirse en la dieta son la miel y frutas como manzanas, peras, cerezas, y bayas. Entre los alimentos agrios están el yogur desnatado y el vinagre. Entre los alimentos salados están las algas. Entre los amargos tenemos la cúrcuma y las verduras de hoja, como las espinacas y las hojas de diente de león. Entre las acerbos están el jengibre, la pimienta negra, y la pimienta de Cayena. Las judías y lentejas son alimentos astringentes.

Otro de los medios para controlar los antojos es la

práctica del ejercicio. Realizando programas regulares, los humores cambian y los antojos desaparecen. El ejercicio también reduce el estrés y aumenta la energía. Hay estudios que han descubierto que incluso una caminata a paso ligero antes de comer reduce el apetito y la urgencia de consumir un tentempié.

Es muy conveniente consumir una dieta variada baja en azúcar y con una distribución equilibrada de proteínas, de origen animal (baja en grasas) o vegetal, así como con hidratos de carbono con un índice glucémico bajo, que no eleven los niveles de azúcar de manera rápida y brusca, como los cereales integrales, legumbres y hortalizas. También deberían consumirse grasas saludables, como los aceites de oliva o de semillas de lino. Esos alimentos mantendrán sus niveles de azúcar en sangre a un nivel equilibrado y le ayudarán a prevenir las fluctuaciones en dicho nivel y los antojos.

Además, considere mantener un diario acerca de los antojos de comida durante algunos meses. Anote todo lo que come y bebe cuando tiene antojo de dulces. Al mantener un registro podrá empezar a ver pautas dietéticas que proporcionen una clave para controlar y acabar con dichos antojos. Por ejemplo, puede tener un antojo diario de algo dulce sobre las 16.00. Intente adelantarse a esa necesidad comiendo un tentempié saludable, bajo en grasa y calorías sobre las 15.30. Eso anulará la urgencia del dulce.

Una buena estrategia para prevenir los antojos de comida es consumir tentempiés sanos cada pocas horas a lo largo del día a fin de mantener equilibrados los niveles de azúcar en sangre. Esos tentempiés sanos pueden incluir verduras frescas, yogures desnatados o una manzana. Cuando esté fuera de casa, consuma tentempiés ricos en proteínas, como barras energéticas con nutrientes equilibrados, frutos secos, pipas o queso semidesnatado para ayudarse cuando desciendan sus niveles de energía.

Acerca de la autora

ELAINE GAVALAS obtuvo su licenciatura en la Universidad de Columbia, Nueva York. Es fisióloga, experta en salud y especialista en control del peso, que trabaja con grupos e individuos de todos los tamaños, formas y edades, a fin de ayudarles a lograr y mantener su peso ideal y sus objetivos de bienestar y forma física. Utiliza técnicas de yoga y ejercicios de forma física que integran cuerpo, mente y espíritu.

Aparte del presente libro, su serie de libritos de yoga incluye *The Yoga Minibook for Stress Relief, El pequeño libro de yoga para alcanzar la longevidad* (publicado por Ediciones Oniro) y *The Yoga Minibook for Energy and Strength*. Gavalas es autora de numerosos artículos y libros sobre yoga, forma física y dieta, incluyendo *Secrets of Fat-Free Greek Cooking* (1998).

Si usted o su empresa desean entrar en contacto con Elaine o quieren más información relativa a sus libros, vídeos o servicios para grupos o personas individuales, visite su página *web* en www.yogaminibooks.com o envíele un correo electrónico a AskElaineG@aol.com

MANUALES PARA LA SALUD

Títulos publicados:

1. **Hierbas para la salud** - *Kathi Keville*

2. **Remedios naturales para la salud del bebé y el niño** - *Aviva Jill Romm*

3. **Saber comer** - *Edición a cargo del equipo de* Prevention *Magazine Health Books*

4. **Vitaminas que curan** - *Edición a cargo del equipo de* Prevention *Magazine Health Books*

5. **La lactancia natural** - *Hannah Lothrop*

6. **El método Pilates** - *Brooke Siler*

7. **Yoga para el bebé** - *DeAnsin Goodson Parker y Karen W. Bressler*

8. **Zumos, jugos, tés y batidos para su salud** - *Anita Hirsch*

9. **Masajes para bebés y niños** - *Margarita Klein*

10. **Yoga para niños** - *Stella Weller*

11. **Yoga para aliviar el dolor de espalda** - *Stella Weller*

12. **Cómo desintoxicar la mente, el cuerpo y el espíritu** - *Jane Scrivner*

13. Consejos prácticos y sencillos para mantener una espalda sana - *Ann McNeil*

14. El pequeño libro de yoga para alcanzar la longevidad - *Elaine Gavalas*

15. El pequeño libro de yoga para perder peso - *Elaine Gavalas*

Otros libros de Ediciones Oniro

para potenciar tu bienestar

Para más información, visite nuestra web:
www.edicionesoniro.com

EL MÉTODO PILATES
La guía más moderna de desarrollo muscular, estiramiento y tonificación corporal para practicar en casa... y sin aparatos
BROOKE SILER

192 páginas
Formato: 19,5 x 24,5 cm
Manuales para la salud 6

YOGA PARA ALIVIAR EL DOLOR DE ESPALDA
Ejercicios suaves y efectivos para mantener una espalda sana
STELLA WELLER

204 páginas
Formato: 19,5 x 24,5 cm
Manuales para la salud 11

YOGA PARA LA OFICINA
Cuide su cuerpo y su mente mientras trabaja
JULIE T. LUSK

160 páginas
Formato: 13,1 x 21 cm
Manuales para la salud 11

CONOZCA EL MÉTODO PILATES
ERIKA DILLMAN

160 páginas
Formato: 13,1 x 21 cm
Terapias naturales 18

EL PEQUEÑO LIBRO DE YOGA PARA ALCANZAR LA LONGEVIDAD
Un programa de posturas suaves que mejorará su calidad de vida
ELAINE GAVALAS

160 páginas
Formato: 13,3 x 21 cm
Manuales para la salud 14